SEODA

Cuid den tsraith Taisce
Cúrsa teanga don chéad bhliain

Bríd Nic an Fhailigh · **Máire Uí Mhurchú** · *Mícheál Ó Ruairc*

An Comhlacht Oideachais

Arna fhoilsiú ag
An Comhlacht Oideachais
Bóthar Bhaile an Aird
Baile Bhailcín
Baile Átha Cliath 12
Aonad trádála de chuid Smurfit Services Limited

Eagarthóir: Éamonn Ó Dónaill
Dearadh, clóchur & leagan amach: Peanntrónaic Teo.
Dearadh clúdaigh: Daire Ní Bhréartúin, Peanntrónaic Teo.
Obair ealaíne: Duo Design
Scannáin dathdhealaithe: DOTS Ltd

Ba mhaith leis na foilsitheoirí a mbuíochas a ghabháil leo seo a leanas as cead a thabhairt dóibh ábhar atá faoi chóipcheart a atáirgeadh:

Bord na Gaeilge maidir leis na hailt, na litreacha agus an fógra as *Mahogany Gaspipe*.

Gael-Linn maidir leis an dán 'An Peann' le Róisín Ní Bhriain a foilsíodh i *Scéala Slógadh*, na sleachta ag clár chomórtas Slógadh agus an t-amhrán 'Bolg le Gréin' atá le fáil ar an albam *Solas Gorm* le Tadhg Mac Dhonnagáin.

Dónall Ó Lubhlaí maidir leis an eolas faoi logainmneacha a foilsíodh i *An Ghaeilge sna Coláistí Samhraidh*.

RTÉ, Bord na Gaeilge agus Attic Press maidir leis na sleachta as *Cuisine le Máirín* (Máirín Uí Chomáin).

Sáirséal agus Ó Marcaigh maidir leis an dán 'Cúl an Tí' le Seán Ó Ríordáin.

Cló Iar-Chonnachta maidir leis an sliocht as *An Punk agus Scéalta Eile*, an t-amhrán 'Tintreach agus Toirneach' le Tadhg Mac Dhonnagáin ón albam *Raifteirí san Underground*, an dán 'Fáinleog' le Seán Ó hEachthigheirn a foilsíodh i *Féach*.

RTÉ maidir leis an bpreasráiteas 'Cúrsaí 1000 Clár'.

Everson Gunn Teo maidir leis an sliocht faoi 'Tarrtháil' as a mbileog eolais.

An Gúm maidir le clúdach an leabhair *Rí na Caitóire*.

Rinne na foilsitheoirí a ndícheall sealbhóirí cóipchirt a aimsiú ach má tá duine ar bith nach rabhthas i dteagmháil leis is de thaisme a tharla sé agus bheidís sásta na socruithe cuí a dhéanamh chomh luath agus is féidir.

Ba mhaith leis na húdair a mbuíochas a ghabháil le Máire Uí Bhróighe as a cuid cabhrach.

Ba mhaith leo freisin buíochas a ghabháil ach go háirithe le hÉamonn Ó Dónaill as a chuid oibre agus a fhoighní is a bhí sé agus an leabhar seo á chur le chéile.

Tá buíochas freisin ag dul do Frank Fahy agus Robert McLoughlin.

Tá na foilsitheoirí faoi chomaoin acu seo a leanas a thug cead grianghraif a atáirgeadh: Slide File, RTÉ/*RTE Guide*, Sportsfile, *Irish Times* Photosales, Derek Speirs/Report.

Arna chur i gcló ag Colour Books Limited.

0 1 2 3 4 5 6 7 8 9

CLÁR

Siombailí

Éisteacht (leis an téip)

Scríobh

Léamhthuiscint

Labhairt

Obair bheirte

Obair ghrúpa

Obair don leabhar gearrthán

Pointe tábhachtach (ceann cait críonna)

San aonad seo foghlaimeoidh tú conas:

- beannú do dhaoine
- ceist a chur ar dhaoine conas atá siad agus a rá conas atá tú féin
- slán a fhágáil ag daoine
- ainmneacha agus sloinnte a chur in iúl i nGaeilge
- daoine a chur in aithne
- d'aois agus do dháta breithe a chur in iúl
- a rá cá bhfuil tú i do chónaí agus ceist a chur cá bhfuil daoine eile ina gcónaí
- labhairt faoi do theaghlach
- cur síos fisiciúil a thabhairt ar dhaoine
- litir a scríobh chuig cara pinn

Gramadach!

An Tuiseal Gairmeach

Na Forainmneacha Réamhfhoclacha **do, ar, ag**

An focal **bliain** i ndiaidh na mBunuimhreacha

Urú ar an Ainmfhocal

I agus an Aidiacht Shealbhach roimh **cónaí**

An Aidiacht Shealbhach **mo**

Na hUimhreacha Pearsanta

Céimeanna Comparáide na hAidiachta

Aidiachtaí

1   Ag bualadh le duine / daoine

Féach uimh. 2 sa leabhar saothair

3   Ag fiafraí conas atá duine nó daoine / ag rá conas atá tú féin

Is í an Ghaeilge an teanga labhartha sna Gaeltachtaí, ar ndóigh, agus tá trí mhórcheantar Gaeltachta sa tír: i dTír Chonaill, i gConamara agus i gCiarraí. Fágann sin trí chanúint Gaeilge ann agus baineann nósanna difriúla le gach canúint acu.

Éist leis an téip agus cloisfidh tú sampla de seo: na slite éagsúla atá ann chun fiafraí conas atá duine nó daoine.

Canúint na Mumhan:	'Conas atá tú?'
	'Conas atá sibh?'
Canúint Chonnacht:	'Cén chaoi a bhfuil tú?'
	'Cén chaoi a bhfuil sibh?'
Canúint Uladh:	'Cad é mar atá tú?'
	'Cad é mar atá sibh?'

Go maith, buíochas le Dia.
Go breá, agus tú féin?
Ar fheabhas, go raibh maith agat.
Ní gearánta dom / dúinn.

Féach uimh. 4 sa leabhar saothair

5   Ag scaradh le daoine

7 Ag caint le daoine

Cúinne na Gramadaí!

A S̲h̲eáin 'h' agus 'i' san ainm más buachaill / fear é.
A S̲h̲iobhán 'h' amháin san ainm más cailín / bean í.
A + 'h' ag caint le héinne m.sh a m̲h̲úinteoir, a c̲h̲ailíní.

Tá tú ag caint leis na daoine seo; cuir 'a' roimh gach ainm sa liosta agus athraigh an t-ainm mar is gá:

A Sheáin, tar anseo!

Siobhán	Pádraig
Cáit	Seán
Tomás	Síle
*Micheál	Eoin
Bríd	Seosamh

(* Micheál – a Mhichíl)

Níl tú ag ainmniú na ndaoine sa liosta seo ach tá tú ag caint leo; athraigh na focail mar is gá:

príomhoide	cara	duine uasal
daoine uaisle	cairde	lucht éisteachta
cailíní	múinteoir	Athair (sagart)
daltaí	*Taoiseach	Siúr (bean rialta)
buachaillí	**Cathaoirleach	

* Taoiseach – a Thaoisigh
** Cathaoirleach – a Chathaoirligh

Ceacht duit!

Gearr amach pictiúir as na nuachtáin nó irisí de dhaoine cáiliúla.

Cuir isteach i do chóipleabhar nó leabhar gearrthán iad agus ainmnigh iad mar seo:

A   Fear / buachaill: _____ is ainm dó.

B   Bean / cailín: _____ is ainm di.

C   Grúpa / níos mó ná duine amháin: _____ is ainm dóibh.

Féach uimh. 9 sa leabhar saothair

Sloinne

An bhfuil a fhios agat cén leagan Gaeilge atá ar do shloinne?

Go minic más cailín / bean atá i gceist bíonn: Ní (+h) nó Nic (an) sa sloinne

Go minic más buachaill / fear atá i gceist bíonn: Mac (an) nó Ó sa sloinne

Bíonn sloinnte eile gan athrú: Máire Bhreathnach / Síle de Brún

Seán Breathnach nó

Eoin de Brún

Más mian leat teideal a thabhairt ar dhuine i nGaeilge ní mar a chéile é agus teideal a thabhairt ar dhuine i mBéarla.

Samplaí

Mrs Kelly   Bean Uí Cheallaigh

Ms Mary Kelly   Máire Ní Cheallaigh, Uasal

Mr Tomás Kelly   Tomás Ó Ceallaigh, Uasal

Miss Kelly   Iníon Uí Cheallaigh

Nóra Kelly   Nóra Ní Cheallaigh

Ceacht duit!

Aimsigh 20 sloinne san eolaí teileafóin (i nGaeilge ar ndóigh!).
Scríobh i do chóipleabhar iad ansin más féidir agus i gcás gach ceann acu abair cé acu fear nó bean atá i gceist.

11   Cur in aithne

Éist leis na daoine seo thíos ag cur a gcairde in aithne.

An bhfuil aithne agat ar _____?

14 Aois agus dáta breithe

Aois a lorg

Aois a thabhairt

• bliain   • bliana   • mbliana   • bhliain

Athraíonn an litriú go minic – an féidir leatsa an riail a aimsiú?
Féach ar an liosta 1-10 ar dtús agus aimsigh an riail ansin.

1-10
bliain amháin
dhá bhliain
trí bliana
ceithre bliana
cúig bliana
sé bliana
seacht mbliana
ocht mbliana
naoi mbliana
deich mbliana

11-19
aon bhliain déag
dhá bhliain déag
trí bliana déag
ceithre bliana déag
cúig bliana déag
sé bliana déag
seacht mbliana déag
ocht mbliana déag
naoi mbliana déag

20-100
fiche bliain
bliain is fiche
dhá bhliain is fiche
tríocha bliain
daichead bliain
caoga bliain
seasca bliain
seachtó bliain
ochtó bliain
(ceithre scór)
nócha bliain
céad bliain

bliain amháin
bhliain
2
3   bliana
4
5
6
7   mbliana
8
9
10

bliain:	1, 20, 30 40, 50, 60, 70, 80, 90, 100
bhliain:	2, 11 (nó 22, 32, 42, 52, etc.)
bliana:	3-6 (nó 23-26, 33-36, 43-46, etc.)
mbliana:	7-10 (nó 27-29, 37-39, 47-49, etc.)

17   Dáta breithe

Cén dáta breithe atá agat?

(Rugadh mé ar) an _____

MÁRTA

An chéad lá **1** ar an gcéad lá	An dara lá **2**	An tríú lá **3**	An ceathrú lá **4** ar an gceathrú lá	An cúigiú lá **5** ar an gcúigiú lá	An séú lá **6**	An seachtú lá **7**
An t-ochtú lá **8** ar an ochtú lá	An naoú lá **9** ar an naoú lá	An deichiú lá **10**	An t-aonú lá déag **11** ar an aonú lá déag	An dara lá déag **12**	An tríú lá déag **13**	An ceathrú lá déag **14** ar an gceathrú lá déag
An cúigiú lá déag **15** ar an gcúigiú lá déag	An séú lá déag **16**	An seachtú lá déag **17**	An t-ochtú lá déag **18** ar an ochtú lá déag	An naoú lá déag **19**	An fichiú lá **20** ar an bhfichiú lá	An t-aonú lá is fiche **21** ar an aonú lá is fiche
An dara lá is fiche **22**	An tríú lá is fiche **23**	An ceathrú lá is fiche **24** ar an gceathrú lá is fiche	An cúigiú lá is fiche **25** ar an gcúigiú lá is fiche	An séú lá is fiche **26**	An seachtú lá is fiche **27**	An t-ochtú lá is fiche **28** ar an ochtú lá is fiche
An naoú lá is fiche **29**	An tríochadú lá **30**	An t-aonú lá is tríocha **31** ar an aonú lá is tríocha				

Cúinne na Gramadaí!

Athraíonn na focail **céad, ceathrú** agus **cúigiú** tar éis **ar**.
Mar shampla: an chéad lá
                 ar an gcéad lá

Na Míonna

Eanáir 1
Feabhra 2
Márta 3
Aibreán 4
Bealtaine 5
Meitheamh 6
Iúil 7
Lúnasa 8
Meán Fómhair 9
Deireadh Fómhair 10
Samhain 11
Nollaig 12

ach rugadh mé ar an _____

d'Eanáir
de Feabhra
de Mhárta
d'Aibreán
de Bhealtaine
de Mheitheamh
d'Iúil
de Lúnasa
de Mheán Fómhair
de Dheireadh Fómhair
de mhí na Samhna
de mhí na Nollag

Na Réaltaí

Ceist: Cén réalta lena mbaineann tusa?
Freagra: Is _____ mé.

An tUisceadóir AQUARIUS

Eanáir 21–Feabhra 19
Tá tú an-dílis, an-chairdiúil agus is deacair leat d'intinn a athrú. 'Tá a fhios agamsa' an abairt is minice agat. Is fuath leat cur i gcéill. Ní maith leat spórt, ach is breá leat áilleacht. Is oibrí crua tú agus bheadh tú i do dhochtúir maith.

Gorm leictreach…
Dé Sathairn

Na hÉisc PISCES

Feabhra 20–Márta 20
Bíonn tú i gcónaí ag brionglóid agus tá tú an-ghoilliúnach. Ní duine praiticiúil tú agus ní bhíonn aon eagar ar do shaol. Bheadh tú i do fhile nó cheoltóir maith. Is maith leat cabhrú le daoine tinne.

Uaine
Déardaoin

An Reithe ARIES

Márta 21–Aibreán 20
Duine an-láidir tú agus is breá leat tosú ar rudaí nua. Smaoinigh sula ndéanann tú aon rud nua. Ní mór duit smaoineamh ar dhaoine eile, mar is féidir leatsa a bheith an-leithleasach. Bheadh tú i do chinnire maith.

Dearg…
Dé Máirt

An Tarbh TAURUS

Aibreán 21–Bealtaine 21
Duine an-phraiticiúil tú agus is breá leat bheith ag ceannach rudaí nua. Is duine an-éadmhar tú agus bíonn tú i gcónaí ag 'úsáid' do chairde! Bheadh tú i do sheodóir nó siúinéir maith.

Bándearg…
Dé hAoine

An Cúpla GEMINI

Bealtaine 22–Meitheamh 21
Bíonn tusa i gcónaí ag machnamh. B'fhéidir go bhfuil tú ró-chainteach! Níl aon smacht agat ort féin agus athraíonn tú d'intinn go minic! Is maith leat a bheith difriúil leis na daoine thart ort. Bheadh tú i do scríbhneoir maith.

Buí…
Dé Céadaoin

An Portán CANCER

Meitheamh 22–Iúil 22
Duine an-ghrámhar tú agus is breá leat obair tí agus compord. Athraíonn tú d'intinn go minic agus tá tú an-rúnda faoi do mhothúcháin. Is maith leat do mhuintir féin. Stair an t-ábhar is fearr leat.

Liath…
Dé Luain

An Leon LEO

Iúil 23–Lúnasa 23
Tá tú an-fhlaithiúil agus is maith leat gach duine a bheith ag féachaint ort. Bíonn tú i gcónaí i ngrá! Is 'Boss' maith tú agus bíonn tú an-chineálta le daoine. Uaireanta, bíonn tú leisciúil.

Flannbhuí
Dé Domhnaigh

An Mhaighdean VIRGO

Lúnasa 24–M. Fómhair 23
Duine an-eagraithe tusa. Bíonn tú i gcónaí ag bailiú rudaí – stampaí, boinn, srl. Níl aon am agatsa do sheafóid – tá tú ró-dháiríre! Ceapann tú gur tú féin is fearr ar domhan! Bheadh tú i do scríbhneoir nó eagarthóir maith.

Dúghorm
Dé Céadaoin

An Mheá LIBRA

M. Fómhair 24–D. Fómhair 23
Is duine an-chothrom tú agus is fuath leat éagóir. Is oibrí crua tú agus is annamh a bhíonn fearg ort. Ní dhéanann tú dearmad ar aon rud agus ní bhíonn leisce riamh ort. Bheadh tú i do chomhairleoir nó shagart maith!

Gorm…
Dé hAoine

An Scairp SCORPIO

D. Fómhair 24–Samhain 22
Is féidir leatsa a bheith an-deas nó an-ghránna! Tá tú an-rómánsach, ach bíonn tú an-dian ar do ghrá. Tá tú an-rúnda! Bleachtaire nó síceolaí an post is fearr duitse. 'Is maith liom' an abairt is minice ag an Scairp.

Marún
Dé Máirt

An Saighdeoir SAGITTARIUS

Samhain 23–Nollaig 22
Tá tú lán le fuinneamh agus bíonn imní ort i gcónaí faoi dhaoine bochta an domhain. Déanann tú rudaí gan smaoineamh. Is breá leat taisteal agus is fuath leat obair tí. Bheadh tú i do léachtóir maith.

Corcra…
Déardaoin

An Gabhar CAPRICORN

Nollaig 23–Eanáir 20
Is duine an-chiallmhar tusa. Is breá leat eagar agus ord agus bíonn do chuid oibre an-néata. Bíonn tú an-chúramach le hairgead mar bíonn imní ort faoi do sheanaois. Bheadh tú i do bhainisteoir maith.

Dubh…
Dé Sathairn

*(Bunaithe ar **Mise agus Tusa**, lch. 112)*

13

Bliain a rá / a scríobh i bhfocail

1	9	8	3
Míle	Naoi gcéad	ochtó	is a trí

Scríobh i bhfocail: 1982, 1981, 1984, 1985, 1987, 1980, 1994.

Abair na dátaí seo i bhfocail:

14.6.1980	Lá Fhéile Pádraig	17/3
21.3.1981	Lá Nollag	25/12
12.5.1985	An lá is faide sa bhliain	21/6
	An lá is giorra sa bhliain	21/12
1.2.1982	Lá Fhéile Stiofáin	26/12
9.4.1984	Lá Fhéile Bríde	1/2
30.8.1983	Lá Caille	1/1

Féach uimh. 18 sa leabhar saothair

19 Seoltaí i nGaeilge

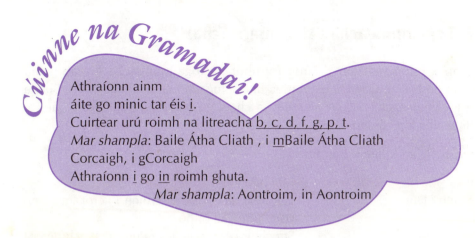

Cúinne na Gramadaí!

Athraíonn ainm
áite go minic tar éis i.
Cuirtear urú roimh na litreacha b, c, d, f, g, p, t.
Mar shampla: Baile Átha Cliath , i mBaile Átha Cliath
Corcaigh, i gCorcaigh
Athraíonn i go in roimh ghuta.
Mar shampla: Aontroim, in Aontroim

Féach uimh. 20 sa leabhar saothair

Seoladh a thabhairt sa bhaile mór / sa chathair

Sampla

Cónaím ag 27 Bóthar na Trá, Gaillimh.
Tá mé i mo chónaí sa Ghleann, Uachtar Ard, Co. na Gaillimhe.

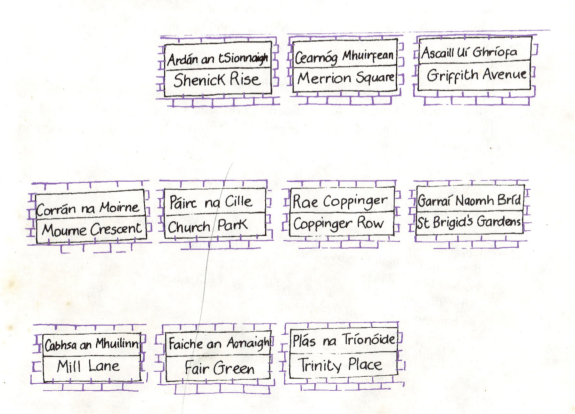

21   Logainmneacha (Áit-ainmneacha)

An raibh a fhios agat gur tháinig formhór na logainmneacha Éireannacha chugainn ón leagan Gaeilge d'ainm na háite. Tugadh fuaimniú agus litriú Béarla do na logainmneacha de réir a chéile sa chaoi go bhfuil an bunleagan Gaeilge truaillithe in a lán cásanna.

Sampla: Baile an Ridire = Balrothery

Baile:	Áit chónaithe
Lios / Ráth / Dún:	Láithreacha cónaithe, cruinn i gcrot, móta nó banc timpeall orthu
Cathair / Caiseal:	Struchtúr céanna le lios / dún / ráth ach déanta as clocha
Cill / Eaglais / Mainistir / Teampall:	Is ainmneacha eaglasta iad, áit ina raibh foirgneamh naofa uair amháin
Áth:	Áit a bhféadfaí dul trasna na habhann mar go raibh an t-uisce éadomhain ann
Béal Átha:	Ar imeall an átha
Clochán:	Cnuasach cloch in abhainn a bhféadfaí siúl tharstu
Leitir:	Fána cnoic nó talamh ard
Ros:	Coill nó ceann tíre ag gobadh amach san fharraige
Gleann:	Idir dhá chnoc
Maigh:	Talamh leibhéal
Cluain:	Móinéar ina bhfásann féar
Achadh:	Páirc
Gort:	Páirc nó talamh treafa

(D. Ó Lúbhlaí, *An Ghaeilge sa Choláiste Samhraidh*)

Níl anseo ach samplaí de na focail is coitianta i logainmneacha ar fud na hÉireann. An féidir leat bailte a ainmniú a bhfuil na focail sa liosta mar chuid den ainm?

Tionscnamh duit!

Faigh amach cad is brí leis na logainmneacha i do cheantar. Bailigh liosta den leagan Gaeilge agus Béarla de na logainmneacha ó na comharthaí bóthair timpeall ort.

An féidir leat áit-ainmneacha a bhailiú agus fáil amach cén fáth a tugadh na hainmneacha sin ar na háiteanna?

Mar shampla: ainmneacha na ngarraithe
toibreacha beannaithe
bailte áitiúla
bailte fearainn (*townlands*) i do cheantar féin

Mo theaghlach

Tarraing crann mar seo i do chóipleabhar
agus cuir isteach do theaghlach féin ann.

AINM:
AOIFE NÍ THUATHAIL
MÉ FÉIN

AINM:
SEÁN Ó TUATHAIL
DAIDEO

AINM:
MÁIRÍN NÍ LAOI
MAMÓ

AINM:
CONALL Ó SÉ
COL CEATHRAIR

AINM:
MARTINA NÍ THUATHAIL
AINTÍN

AINM:
FRAINC Ó SÉ
DAIDEO

AINM:
EILÍS NÍ BHRIAIN
MAMÓ

AINM:
ÁINE NÍ SHÉ
AINTÍN

AINM:
MÍCHEÁL Ó SÉ
UNCAIL

AINM:
ORLAITH NÍ THUATHAIL
DEIRFIÚR

AINM:
DÉAGLÁN Ó TUATHAIL
DEARTHÁIR

AINM:
BRÍD NÍ LAOIRE
MÁTHAIR BHAISTE

AINM:
SEOSAMH Ó TUATHAIL
ATHAIR

AINM:
LIAM Ó TUATHAIL
ATHAIR BAISTE

AINM:
RÓS NÍ SHÉ
MÁTHAIR

AINM:
ÚNA NÍ SHÉ
COL CEATHRAIR

duine amháin

beirt

triúr

ceathrar

cúigear

seisear

seachtar

ochtar

naonúr

deichniúr

Aon duine dhéag

dáréag

Tar éis 'mo':

M'athair

Mo mháthair

Mo dheirfiúr / dheirfiúracha

Mo dheartháir / dheartháireacha

M'aintín

M'uncail

Mo sheanathair

Mo sheanmháthair

Mo chol ceathrair

Seo iad mo dheirfiúracha, mo dheartháireacha, m'athair agus mo mháthair

Ceisteanna: Cé mhéad ar fad i do theaghlach?
Cé mhéad deartháir agus deirfiúr atá agat?

Freagraí: Tá cúigear ar fad i mo theaghlach *nó*
Tá ceathrar deartháir agus deirfiúr agam *nó*
Tá deirfiúr / deartháir amháin agam *nó*
Níl aon deartháir / deirfiúr agam *nó*
Is páiste aonair mé

D'áit sa chlann

Ceist: Cén áit a dtagann tusa sa chlann?

Freagra: Is mise an duine is óige
an duine is sine
an dara duine is óige / sine
an tríú duine is óige / sine

Féach uimh. 23 agus 24 sa leabhar saothair

25   Ag rá cad as do dhaoine

Cad as do do mháthair? Rugadh agus tógadh í i gContae _____.

Cad as do d'athair? Rugadh é i gContae _____.

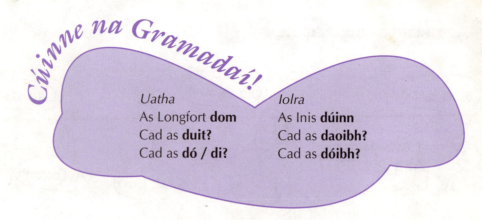

Cúinne na Gramadaí!

Uatha	*Iolra*
As Longfort **dom**	As Inis **dúinn**
Cad as **duit?**	Cad as **daoibh?**
Cad as **dó / di?**	Cad as **dóibh?**

26   Cur síos fisiciúil

Úsáideann tú na haidiachtaí seo leanas le cur síos a dhéanamh ar ghruaig:

donn ~Brown~ catach ~Curly~ gearr ~short~
dubh ~Black~ fada ~long~ rua ~Red~
fionn ~Blond~ díreach ~straight~ liath ~grey~
~fair OR haired~

Tá an focal **gruaig** baininscneach. Cuireann sé *h* ar an aidiacht.

*Tá gruaig fhada
dhubh uirthi*

*Tá gruaig chatach
fhionn air*

*Tá gruaig dhíreach
rua uirthi*

~Tá súile donna agam.~

Úsáideann tú na haidiachtaí seo agus tú ag cur síos ar shúile:

gorm ~Blue~ donn ~Brown~ beag ~small~ glas ~green~
liath ~grey~ geal ~Bright~ mór ~Big~

Tá súile, cosa, lámha, fiacla san uimhir iolra. Tá athrú beag san aidiacht (<u>a</u> breise)

súile gorm<u>a</u> cosa mó<u>ra</u> fiacla bán<u>a</u> lámha beag<u>a</u>

Ná déan dearmad go mbíonn súile agus fiacla **agat!** Bíonn gach rud eile **ort!**

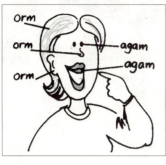

Mé féin

Buachaill / fear

Cailín / bean

Féach uimh. 27 sa leabhar saothair

Airde Cúig

Tá mé ~~Ceathair~~ troithe / orlaí ar airde.

Tá mé Trí horlaí méadar / ceintiméadar ar airde.
dhí orlach

Is ainmfhocail neamhrialta iad **orlach** agus **troigh**. Seo mar a scríobhtar iad tar éis na n-uimhreacha:

orlach	troigh
dhá orlach	dhá throigh
trí horlaí	trí troithe
ceithre horlaí	ceithre troithe
cúig horlaí	cúig troithe
sé horlaí	sé troithe
seacht n-orlaí	seacht dtroithe

Cúinne na Gramadaí!

3-6 <u>h</u>orlaí
7-10 <u>n</u>-orlaí
3-6 troithe
7-10 <u>d</u>troithe

Déan d'airde féin a thomhas agus scríobh i bhfocail i do chóipleabhar é.

Féach uimh. 28 sa leabhar saothair

Tá a lán focal le foghlaim sa Ghaeilge. Cad as ar tháinig na focail ar fad? Cuid acu rinneamar suas iad sinn féin ach tháinig an-chuid ó thíortha eile ag amanna eile. Déanann gach teanga é seo – focail a thógáil 'ar iasacht' ó theanga eile.

Mar shampla, thug na Lochlannaigh na focail seo dúinn:
'cnaipí' ó *knaipr*   'pingin' ó *penningr*   'beoir' ó *bjórc*

Thug na Normannaigh na focail seo dúinn:
seomra' ó *chambre*   'garsún' ó *garçon*   'siúcra' ó *sucre*

Thug na Manaigh an creideamh Críostaí, léamh agus scríobh go hÉirinn agus thógamar na focail seo uathu:
'creideamh ó *credo*   'léamh' ó *legit* 'scríobh' ó *scribit*
'leabhar' ó *liber*   'eaglais' ó *ecclesia*

Fuaireamar ár n-ainm féin ón ainm a bhí ag muintir na Breataine Bige orainn:
Góedel   Gael + Gaeilge.
Ciallaíonn sé 'fir fhiáine' agus thug siad an t-ainm sin ar na hÉireannaigh mar bhí na Gaeil ag troid leo agus ag goid uathu i gcónaí.

Nuair a thagann focal nua isteach i dteanga déanann daoine iarracht é a rá ach cuireann siad a bhfuaimeanna féin ar an bhfocal, *mar shampla*: **helicopter** – héileacaptar   *cat* – cat

Is féidir níos mó eolais faoi na focail iasachta a fháil sna leabhair seo:
The Irish Language – Máirtín Ó Murchú, Gnéithe dár nDúchas
Stair na Teanga, Tobar na Gaeilge, A View of the Irish Language.

29   Litreacha chuig cairde pinn

Léamhthuiscint

Léigh na litreacha (i), (ii), (iii) agus meaitseáil an litir cheart le gach pictiúr.

(a)   (b)   (c)

(i)

2 Bóthar na Trá
Baile Brigín
6ú Márta

A Sheáin, a chara,

Tá cara pinn sa Ghaeltacht ag teastáil uaim chun mo chuid Gaeilge a chleachtadh! Tá mé trí bliana déag d'aois. Is é an 4 Aibreán mo lá breithe, mar sin is gearr go mbeidh mé ceithre bliana déag. Is Reithe mé. Cén réalt lena mbaineann tusa? Tá mé 160 ceintiméadar ar airde. Deir gach duine go bhfuil mé ard do m'aois! Tá gruaig fhada dhonn orm agus súile donna agam. Is breá liom capaill agus téim go dtí an scoil mharcaíochta gach Satharn. Tá triúr deirfiúr agam agus dearthair amháin. Niamh, Aisling agus Órlaith is ainm do na deirfiúracha agus Dara is ainm do mo dhearthair. Ba mhaith liom cloisteáil uait go luath. Inis dom fút féin agus faoi do theaghlach.

Slán go fóill,
Aoife Nic Éanna

(ii)

An Doire Beag
Co. na Mí
17 Samhain

A Chiaráin, a chara

Go raibh maith agat as an litir a chuir tú chugam le déanaí. Ba bhreá liom bheith i mo chara pinn agat! Bhuel, tá mé trí bliana déag go leith. Tá mé 170 ceintiméadar ar airde (tá mo thuismitheoirí an-ard!). Táim sa dara bliain ar scoil anseo sa Doire Beag. Tá gruaig chatach fhionn orm, súile glasa agam agus caithim spéaclaí. Ar scoil is breá liom corpoideachas agus stair. Tá dearthair amháin agam, Tomás, agus deirfiúr amháin, mo leathchúpla Anna. Bímse agus Anna i gcónaí ag argóint ach is maith liom í mar sin féin! Scríobh ar ais go luath agus inis dom faoi do chaitheamh aimsire.

Do chara,
Niall.

(iii)

Barda 6
Ospidéal Chromghlinne
Baile Átha Cliath
19 Feabhra

A Chaoimhe, a chara,

Is mise Síle de Barra agus fuair mé d'ainm agus do sheoladh ó mo mhúinteoir Gaeilge sa scoil. Ba mhaith liom tú a bheith mar chara pinn agam. Ní chónaím anseo san ospidéal! Bíonn orm teacht isteach anseo anois is arís mar tá 'C.F.' orm. 'C.F' sin 'Cystic Fibrosis'. Bíonn fadhbanna agam le mo scamhóga. Tá mé dhá bhliain déag d'aois agus tá mo lá breithe ar an 23ú Bealtaine. Tá mé sa chéad bhliain ar scoil. Tá gruaig ghearr dhubh orm, súile donna agam agus a lán bricíní ar m'éadan! An bhfuil bricíní agatsa? Is fuath liomsa iad! Is maith liom cispheil agus tá mé ar fhoireann na scoile. Is aoibhinn liom pizzas agus uachtar reoite agus ní maith liom glasraí ar chor ar bith. Tá dearthair amháin agam, Cóilín is ainm dó. Tá sé 9 mbliana d'aois. Scríobh chugam go luath – beidh mé anseo go ceann coicíse!

Do chara,
Síle.

Léamhthuiscint

Léigh na fógraí thíos agus meaitseáil gach duine óg i liosta A le cara pinn oiriúnach i liosta B.

Liosta A

Cara pinn ó bhuachaill, 12 bhl le suim i gcúrsaí spóirt, cluichí ríomhaire agus campáil. Scríobh chuig **Bosca 35.**

Cailín 13.5 bl ag lorg cara pinn in iarthar na hÉireann. Is duine mothálach mé le suim i gcúrsaí léitheoireachta, ceol agus caomhnú na timpeallachta. **Bosca 51.**

Fiona: 14 bl., ag dul chun na Fraince lena cara ar feadh bliana. Ag iarraidh cloisteáil ó éinne as BÁC a bheadh sásta í a choimeád ar an eolas faoi chúrsaí lúthchleasaíochta sa chathair. **Bosca 65.**

Liosta B

Seán: Gaillimh, mac feirmeora le han-suim i gcúrsaí ceoil. 15 bl. Súile gorma, gruaig fhionn. Ag iarraidh cara pinn dáiríre. **Bosca 42.**

Buachaill cathrach, 15 bl, suim i gcúrsaí lúthchleasaíochta, stampaí agus taisteal. Ag iarraidh cloisteáil ó chailín thart ar an aois chéanna. **Bosca 21.**

An bhfuil suim agat i ríomhairí, sacar agus a bhfuil tú thart ar 12/13 bl? Eoin as Luimneach ag lorg cara pinn. **Bosca 212.**

. . . GLUAIS

mothálach: *sensitive*
caomhnú: *conservation*
an timpeallacht: *the environment*
lúthchleasaíocht: *athletics*
dáiríre: *serious*

Litir chuig cara pinn

Tá sé tábhachtach litir a leagan amach i gceart.

Féach siar go dtí lch. 8. Ag caint le Seán: A Sheáin
Anois! Ag scríobh chuig Seán: A Sheáin
Ag scríobh chuig Siobhán: A Shiobhán

Tús

Tá súil agam go bhfuil tú / sibh
  go maith
  ar fónamh
  i mbarr na sláinte
  ar mhuin na muice!

Fuair mé d'ainm agus do sheoladh

  ar chlár na bhfógraí
  ó mo mhúinteoir Gaeilge
  ó mo chara
  san iris
  sa nuachtlitir

Eolas a lorg

Cad mar gheall ortsa?
Cén aois tú?
Cén lá breithe atá agat?
Ce mhéad duine i do theaghlach?
Cén áit a dtagann tusa sa chlann?
An bhfuil tú ard / íseal?
Cén dath atá ar do shúile?
Do ghruaig?
An bhfuil peata agat? (iasc órga, coileán, cat,
  madra, coinín, luch, éan, muc ghuine, piscín).
Cad iad na rudaí is / nach maith leat?

Eolas fút féin

D'ainm
D'aois
Áit chónaithe
Lá breithe agus réalta
Teaghlach
Airde
Tréithe fisiciúla
Is / Ní maith liom…

Críoch

Tá súil agam go gcloisfidh
  mé uait go luath.
Ag tnúth le litir uait sar i bhfad
Scríobh chugam chomh luath
  agus is féidir
Slán go fóill, do chara Síle.

Tasc scríofa

1 Roghnaigh ceann de na fógraí ar lch. 24. Scríobh an chéad litir a chuirfeá
  chuig do chara pinn nua.
2 Scríobh an freagra ar litir (i) ar leathanach 23.

Féach uimh. 30 sa leabhar saothair

San aonad seo foghlaimeoidh tú conas:

- labhairt faoin mbunscoil
- cur síos ar rudaí a rinne tú san am atá thart
- mothúcháin a chur in iúl
- labhairt faoi shaghsanna difriúla scoile
- comparáid a dhéanamh idir an bhunscoil agus an mheánscoil
- cur síos a dhéanamh ar éide scoile
- na hábhair a dhéanann tú a ainmniú
- labhairt faoi fhoireann na scoile
- an t-am a chur in iúl
- trealamh scoile a ainmniú
- treoracha agus orduithe a thabhairt
- leithscéalta a dhéanamh
- labhairt faoi rialacha scoile
- labhairt faoi scoileanna lán-Ghaelacha

Gramadach!

An Aimsir Chaite
An Forainm Réamhfhoclach **ar**
An Aimsir Láithreach
An Modh Ordaitheach

1   An bhunscoil

An bhliain seo caite bhí tú sa bhunscoil. Bhí tú i rang a sé. Cheap gach duine go raibh tú sean agus tábhachtach. I mbliana tá tú i scoil nua. Is sibhse na daoine is óige sa scoil. An maith leat é sin? An fearr leat do sheanscoil?

Cian agus Gráinne

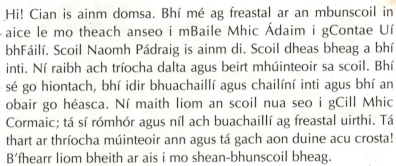

Bhí Cian agus Gráinne ag freastal ar dhá bhunscoil dhifriúla an bhliain seo caite. Léigh na tuairiscí a scríobh siad orthu agus freagair na ceisteanna a ghabhann leo.

Hi! Cian is ainm domsa. Bhí mé ag freastal ar an mbunscoil in aice le mo theach anseo i mBaile Mhic Ádaim i gContae Uí bhFáilí. Scoil Naomh Pádraig is ainm di. Scoil dheas bheag a bhí inti. Ní raibh ach tríocha dalta agus beirt mhúinteoir sa scoil. Bhí sé go hiontach, bhí idir bhuachaillí agus chailíní inti agus bhí an obair go héasca. Ní maith liom an scoil nua seo i gCill Mhic Cormaic; tá sí rómhór agus níl ach buachaillí ag freastal uirthi. Tá thart ar thríocha múinteoir ann agus tá gach aon duine acu crosta! B'fhearr liom bheith ar ais i mo shean-bhunscoil bheag.

Dia daoibh. Mise Gráinne. Táim ar scoil anois i gColáiste Naomh Aindriú ar an gCarraig Dhubh agus is breá liom í. Bhí mé ag freastal ar an mbunscoil ar na Clocha Liatha i gCill Mhantáin, ach is fearr liom an scoil nua. Ní raibh ach cailíní sa tseanscoil ar na Clocha Liatha agus ní raibh cúrsaí spóirt go maith ann. Bhí múinteoir an-chrosta agam agus bhí eagla orm roimpi. Ní raibh mé dána ach ní raibh mé an-mhaith ach oiread!

Ceisteanna

Freagair na ceisteanna seo i do chóipleabhar **nó** de bhéal.
1   Cén áit a bhfuil cónaí ar Chian agus ar Ghráinne?
2   Cad ab ainm do bhunscoil Chian?
3   Cad is ainm don scoil nua atá ag Gráinne agus cá bhfuil sí?
4   Cén scoil nach dtógann buachaillí?
5   Cén scoil ab fhearr le Cian agus le Gráinne agus cén fáth?

3   Ag cur síos ar na rudaí a rinne tú

 Léigh an sliocht thíos as dialann Shinéad agus ansin freagair na ceisteanna sa leabhar saothair (uimh. 3).

Dialann Shinéad Ní Raghallaigh

Dé Luain: Bhí rang corpoideachais againn inniu agus bhí sé go hiontach. Tar éis scoile chuaigh mé ar cuairt chuig Mamó. Rinne mé siopadóireacht di. Bhí orm an tine a lasadh sa bhaile ansin. D'fhéach mé ar an teilifís ar feadh tamaill. Rinne mé m'obair bhaile ansin agus chuaigh mé a codladh timpeall 10.30. Bhí mé an-tuirseach!

Dé Máirt: Ní raibh an múinteoir Fraincise róshásta linn inniu – thug sí ar ais na scrúdaithe dúinn agus bhí na marcanna go dona! Fuair mé 34%. Bhí náire orm. Rinne mé a lán obair bhaile sa Fhraincis anocht. D'ith mé mo dhinnéar ag 7.00. Ghlaoigh mé ar Ruairí chun a fháil amach faoin gcluiche a d'imir sé inniu. Bhí an bua acu. Leaba ag 10.45.

Dé Céadaoin: D'éirigh mé déanach inniu mar níor chuala mé an clog. Shlog mé siar mo bhricfeasta agus bhí mé beagáinín déanach don scoil ach níor thug éinne faoi deara – buíochas le Dia! Rang dúbailte Béarla inniu. Rinneamar scéal iontach.

Déardaoin:

Cúinne na Gramadaí!

An Aimsir Chaite: Chun an Aimsir Chaite a dhéanamh cuir <u>h</u> ar an mbriathar, cuir <u>d</u> roimh bhriathra a thosaíonn le guta nó <u>fh</u>.

Mar shampla :   bí: b<u>h</u>í (ní raibh)   glaoigh: ghlaoigh (níor ghlaoigh)
                          ith: <u>d'</u>ith (níor ith)   slog: s<u>h</u>log (níor shlog)
                          féach: <u>d'</u>fhéach (níor fhéach)

Tá grúpa briathra agus tá foirm dhifriúil acu san Aimsir Chaite.
Mar shampla: Téigh: chuaigh (ní dheachaigh)*   Faigh: fuair (ní bhfuair)*
                          Déan: rinne (ní dhearna)*   Tabhair: thug (níor thug)*

Briathra eile sa ghrúpa seo: Deir: dúirt (ní dúirt)*   Clois: chuala (níor chuala)
                                      Beir: rug (níor rug)   Feic: chonaic (ní fhaca)*
                                      Tar: tháinig (níor tháinig)

*ní san Aimsir Chaite
Gach briathar eile Níor

Léigh an sliocht seo as dialann Eoin agus ansin déan an cleachtadh (uimh. 4) sa leabhar saothair.

Dialann Eoin

Dé hAoine: Bhí mé déanach don scoil ar maidin – don dara huair an tseachtain seo! Bhí a lán ranganna agam agus bhí mé an-tuirseach nuair a chuaigh mé abhaile tráthnóna. Ní dhearna mé obair bhaile ar bith ach chuaigh mé go teach Shéamais ar feadh uair an chloig. D'fhéach mé ar an teilifís roimh am luí.

Dé Sathairn: D'fhan mé sa leaba go dtí ahaon déag! Rinne mé cuid do mo chuid obair bhaile tar éis am lóin. Bhí cluiche peile againn inniu. D'imríomar go hiontach don chéad leath. Fuaireamar trí chúl. Ag leath-am dúirt an bainisteoir linn go rabhamar ar fheabhas. Sa dara leath d'imir an fhoireann eile níos fearr ná muidne. Chailleamar. Bhí an-díomá orm.

Tasc scríofa

An féidir leatsa cur síos a dhéanamh ar an scoil ina raibh tú an bhliain seo caite mar a rinne Cian agus Gráinne ar lch 27? Bí cinnte go mbaineann tú úsáid as na briathra seo:

Bhí mé   Chuaigh mé   Ní raibh

Rinne mé   Ní dheachaigh   Ní dhearna

Cuir tús leis mar seo: 'An bhliain seo caite bhí mé ag freastal ar…'

nó

Coimeád dialann ar feadh cúpla lá agus scríobh síos cad a tharla ar scoil na laethanta sin. Scríobh í san Aimsir Chaite, ar ndóigh!

Féach uimh. 5-8 sa leabhar saothair

Léigh an dán seo thíos agus ansin bain triail as na ceisteanna sa leabhar saothair (uimh. 9).

Garsúinín Deas é Seán
le Peadar ó hAnnracháin

Garsúinín deas é Seán,
Mac le máistir Seoirse,
Chímid é gach lá
Agus caitín bán ina chóngar.

Ag súgradh bhíd go sámh
An cat is Seán le chéile,
Tá clis ar fheabhas ag Seán,
Ach buann an cat go caoch air.

Is peata an caitín bán,
Is peata Seán gan amhras
Acu tá saol róbhreá,
Ach ní bheidh go breá ar ball beag.

Nuair rachaidh Seán ar scoil
Is baol ná beidh sé sásta,
Ní háit do pheata an scoil,
Ach áit do cheachta gránna.

Is raghaidh an cat ar fán
Nuair ná beidh Seán ina chóngar,
Is ní bhfaighidh sé cóir ná ceart
I measc seanchat na gcomharsan.

... GLUAIS

Chímid: Feicimid
ina chóngar: in aice leis
clis: cleasanna, *tricks*
buann an cat go caoch air: *he beats him hollow*
gan amhras: gan dabht, *without doubt*
saol: *life*
ar ball beag: go luath, gan mhoill, *soon*

Is baol: *there's a danger*
ceachta: ceachtanna, *lessons*
gránna: uafásach, *ugly*
ar fán: ar strae
cóir ná ceart: *fair play*
comharsana: *neighbours*

Garsúinín < Garsún < Garçon sa Fhraincis

Is féidir aon rud a dhéanamh beag trí **-ín** a chur leis.
Ná déan dearmad ar an riail 'Caol le caol is leathan le leathan'.

Caitín < Cat < *Cattus* sa Laidin
Seáinín < Seán < *Jean* sa Fhraincis

An féidir leatsa na focail seo a úsáid chun cur síos a dhéanamh ar rud an-bheag?

bád	nóiméad	braon
slis	buachaill	madra

An féidir leat cur leis an liosta seo i mBéarla nó i nGaeilge?

10   Mothúcháin

Sa Ghaeilge bíonn gach mothúchán **ORT**.

Mar shampla: Tá brón orm   Tá éad orm
                 Tá eagla orm   Tá fearg orm
                 Tá áthas orm

Is féidir cur le seo trí fhocail eile a chur leo.

Mar shampla: 'MÓR' nó 'AN DOMHAIN':
                 Bhí áthas an domhain orm nuair a bhuaigh Éire Corn an Domhain!
                 Bhí brón mór orm nuair a d'fhág mé an bhunscoil.

Cúinne na Gramadaí!

ar + mé = orm   ar + sinn = orainn
ar + tú = ort   ar + sibh = oraibh
ar + sé = air   ar + siad = orthu
ar + sí = uirthi

Féach uimh. 11 agus 12 sa leabhar saothair

AN COLÁISTE

Tháinig mí Mheán Fómhair agus bhí gach éinne ag dul ar ais ar scoil. Bhí Mícheál ag tosú sa Choláiste agus ba mhór an t-athrú é sin ón mbunscoil. Bhí an scoil nua ar an taobh thall de Bhaile an Tobair ó theach mhuintir Mhurchú agus bhí an rothar nua an-áisiúil do Mhicheál anois.

Ní raibh ach buachaillí agus cailíní céadbhliana istigh an chéad lá. D'fháiltigh an príomhoide rompu ina nduine is ina nduine agus ansin bhailigh sé le chéile iad i seomra mór. Bhí léarscáil den choláiste ar an mballa aige agus le cabhair na léarscáile sin thug sé a lán eolais dóibh faoin gcoláiste. Bhí an áit i bhfad níos mó ná an bhunscoil agus bhí a lán seomraí ann nach raibh a leithéid sa bhunscoil in aon chor. Ansin thug an príomhoide cóip bheag den léarscáil do gach dalta agus chuaigh siad timpeall an choláiste. Thaispeáin sé gach seomra dóibh agus d'inis sé dóibh cad a bheadh ar siúl iontu.

Bhí bialann sa choláiste freisin agus fuair siad deoch an duine saor in aisce ann. Ansin d'fhill siad ar an gcéad seomra arís agus mhínigh an príomhoide rialacha an choláiste dóibh. Ina dhiaidh sin thug sé amach cóipeanna de chlár ama na chéadbhliana. Bhí na hábhair go léir ansin agus ainmneacha na múinteoirí. B'fhada an liosta é agus bhí áthas ar Mhicheál go raibh Adhmadóireacht agus Miotalóireacht air. Bhí fonn mór air bheith ag obair lena lámha agus bheith ag cur rudaí le chéile. Bhí rudaí le

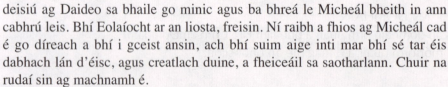

deisiú ag Daideo sa bhaile go minic agus ba bhreá le Micheál bheith in ann cabhrú leis. Bhí Eolaíocht ar an liosta, freisin. Ní raibh a fhios ag Micheál cad é go díreach a bhí i gceist ansin, ach bhí suim aige inti mar bhí sé tar éis dabhach lán d'éisc, agus creatlach duine, a fheiceáil sa saotharlann. Chuir na rudaí sin ag machnamh é.

Thóg sé tamall ar Mhicheál dul i dtaithí ar an gcoláiste. Bhí na hábhair an-suimiúil ach ní raibh siad éasca. Bhí múinteoir éagsúil i mbun gach ábhair beagnach agus thóg sé cúpla seachtain ar Mhicheál aithne a chur orthu go léir. Chuir sé aithne ar chuid acu go tapa, go mór mór na múinteoirí a bhí acu gach lá, ach bhí cuid acu nach bhfaca sé níos mó ná dhá uair nó trí sa tseachtain. Bhí uaigneas air uaireanta i ndiaidh saol simplí na bunscoile ach ag an am céanna bhí taitneamh á bhaint aige as an saol nua anseo freisin.

Chuir Micheál aithne ar a lán buachaillí eile den chéad uair, agus bhí sé an-sásta leis féin nuair a fuair sé áit ar fhoireann peile na chéadbhliana sa choláiste. De réir a chéile shocraigh sé síos go maith agus ba ghearr go ndearna sé dearmad glan ar an mbunscoil.

ar ais: *back*
an t-athrú: *the change*
taobh thall: *other side*
an-áisiúil: *very useful*
D'fháiltigh: chuir fáilte roimh, *welcomed*
léarscáil: mapa
a lán eolais: *a lot of information*
A leithéid: *such a*
In aon chor: ar chor ar bith, *at all, at all*
bialann: *restaurant, canteen*
deoch: *drink*
saor in aisce: gan chostas, *free*
d'fhill: tháinig ar ais
mhínigh: *explained*
rialacha: *rules*
clár ama: *timetable*
na hábhair: *the subjects*
Adhmadóireacht: *woodwork*
Miotalóireacht: *metalwork*
fonn mór air: *really wanted to*

deisiú: *fixing*
eolaíocht: *science*
freisin: *also*
i gceist: *in question*
suim: *interest*
dabhach: *sink*
creatlach: *skeleton*
saotharlann: *laboratory*
ag machnamh: *thinking*
dul i dtaithí ar: *to get used to*
éagsúil: difriúil, *different*
beagnach: *almost*
aithne: *to know*
go mór mór: *especially*
uaigneas: *loneliness*
uaireanta: *sometimes*
de réir a chéile: *gradually*
shocraigh sé: *he settled*
dearmad glan: *completely forgot*

Tasc scríofa

Conas mar a bhí an chéad lá sa scoil nua seo agatsa?
Déan cur síos air. Is féidir leat úsáid a bhaint as an gcabhair seo.

Tháinig mé…
Chonaic mé / ní fhaca mé…
Chas mé ar …
Bhí ionadh / eagla / áthas / sceitimíní orm…
Ní raibh a fhios agam cá raibh…

14 Saghsanna scoile

Tá a lán saghsanna difriúla scoile ann. An bhfuil a fhios agat cén difríocht atá eatarthu?

 Féach ar an liosta seo thíos. An féidir leat trí rud a scríobh faoi *dheich* gcinn de na saghsanna scoile ar an liosta seo? Cén saghas scoile í do scoil féin? An bhfuil ainmneacha scoileanna eile sa cheantar ar eolas agat? Cén saghas scoileanna iad sin? Déan amach liosta díbh i do chóipleabhar.

pobalscoil	scoil chónaithe	scoil náisiúnta
gairmscoil	scoil lae	bunscoil
meánscoil	scoil na mBráithre	iar-bhunscoil
scoil chuimsitheach	clochar	coláiste
scoil lán-Ghaelach	ceardscoil	ollscoil
coláiste tríú leibhéal	naíonra	

Scoil chónaithe

Clochar

Naíonra

Scoil na mBráithre

Meánscoil

Ollscoil

Gairmscoil

Scoil lán-Ghaelach

Tascanna scríofa

Léigh na tréithe a bhaineann leis na scoileanna difriúla thíos agus ansin abair cén sórt scoile ina bhfuil tú féin.

1   Is scoil mhór í: tá os cionn cúig chéad dalta inti.
2   Is scoil bheag í: tá níos lú ná cúig chéad dalta inti.
3   Buachaillí amháin atá sa scoil seo.
4   Is féidir ábhair phraiticiúla a dhéanamh sa scoil seo.
5   Níl aon ábhair phraiticiúla ar fáil sa scoil seo.
6   Tá idir chailíní agus bhuachaillí ag freastal ar an scoil seo – is scoil mheasctha í.
7   Tá a lán clubanna sa scoil seo.
8   Níl ach cailíní sa scoil seo.
9   Imrítear gach saghas spóirt sa scoil seo.
10 Tá / Níl ar gach dalta éide scoile a chaitheamh.

An féidir leat cur leis na habairtí a phioc tú amach chun cur síos a dhéanamh ar do scoil féin trí:

mar shampla   *nó*   **sin le rá**   *nó*   **ciallaíonn sé sin**

a chur leo?

Cad iad na difríochtaí is mó a fheiceann tú idir an tseanscoil ina raibh tú agus an scoil nua ina bhfuil tú anois? Déan amach cairt i do chóipleabhar agus líon isteach í mar seo:

Ainm na seanscoile:	Ainm do scoile nua:
1 Bhí gach duine níos óige ná mé	Tá gach duine níos sine ná mé
2 Bhí múinteoir amháin againn	Tá ......múinteoir againn

Cé mhéad pointe eolais a scríobh tú síos?
Cé mhéad a scríobh do chara?
Cé a scríobh an liosta is faide sa rang?

15 Éide scoile

An mbíonn oraibh éadaí speisialta a chaitheamh ar scoil? Cén saghas éadaí iad?
Féach ar na pictiúir anseo thíos agus ar an gcód dathanna ar dheis.

léine

seaicéad

carbhat

péire stocaí

éadaí báistí

scaif

geansaí

péire bróg

sciorta

hata

bríste

cóta

caipín

lámhainní

Cód dathanna	
bán	
dearg	
liath	
glas	
dúghorm	
bándearg	
dubh	
buí	
oráiste	
ildaite	
glas éadrom	
glas domhain	
le spotaí ann/inti	
le stríoca ann/inti	

Tasc scríofa

Déan cur síos ar na héadaí a chaitheann tú ar scoil gach lá.

Cuir tús leis mar seo:
'Níl / tá éide scoile againn. Caithim féin…'

Cad a bhíonn ag teastáil uait nuair a bhíonn corpoideachas ar siúl agat?

Féach uimh. 16-18 sa leabhar saothair

péire reathairí

t-léine

léine allais

culaith traenála

sciorta gearr

bríste gearr

tuaille

gallúnach

cumhráin

scuab gruaige

camán

bata haca

raicéad leadóige

culaith snámha

clogad

Déan na pictiúir seo thíos a mheaitseáil leis na hábhair lena mbaineann siad. Scríobh abairtí mar seo i do chóipleabhar: 'Úsáideann tú léarscáil sa tíreolaíocht'. Ná déan dearmad go leanann séimhiú (h) _sa_ ach amháin nuair a bhíonn guta nó **d, t, s** i gceist.

Ealaín

Miotalóireacht

Tíreolaíocht

Corpoideachas

Clóscríobh

Ceol

Eacnamaíocht Bhaile

Ríomhaireacht

Matamaitic

Líníocht Mheicniúil

Adhmadóireacht

Gaeilge

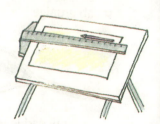

Cad iad na hábhair a dhéanann tú féin? Déan amach liosta de na hábhair atá tú a dhéanamh i mbliana agus abair cé a mhúineann na hábhair sin duit:

Mar shampla:
Gearmáinis: múineann Herr Molloy Gearmáinis dom.

20 Daoine a bhíonn ag obair sa scoil

An bhfuil ainmneacha na múinteoirí ar fad sa scoil ar eolas agaibh fós?

Cluiche do ghrúpa nó don rang ar fad

Déanann duine amháin cur síos ar mhúinteoir éigin, ach ní insíonn sí / sé cad is ainm di / dó.
m.sh: 'Tá sí ard agus tanaí, tá gruaig fhada dhubh uirthi, múineann sí Fraincis'.

Nóta: Chun an cluiche a dhéanamh níos deacra nó spéisiúla is féidir é a imirt ar bhealaí níos casta, *mar shampla*:

1   Níl cead ag an dalta cur síos a dhéanamh ar an múinteoir a roghnaigh sé / sí. Caithfidh na daltaí eile ceisteanna a chur, *mar shampla*:
'An fear é?'
'An bhfuil gruaig rua uirthi?'

2   Níl cead ag an dalta a roghnaigh múinteoir aon eolas breise a thabhairt – ní féidir ach aontú / easaontú leis an gceist, *mar shampla*:
'Ní fear é' nó 'Sea'
'Tá gruaig rua uirthi' nó 'Níl'

3   Is féidir deireadh a chur le babhta áirithe má ghlaonn dalta amach ainm múinteora nach é an t-ainm ceart é. Insíonn an dalta cén múinteoir a roghnaigh sé / sí agus piocann sé / sí duine eile. Coimeádann sé seo smacht sa chluiche agus meallann sé tuilleadh Gaeilge. Má cheapann na daltaí go bhfuil a fhios acu cé atá i gceist bíonn orthu ceist a chur nach bhféadfadh a bheith fíor faoi éinne ach an múinteoir sin; *mar shampla*:
'An dtiomáineann sé Toyota dearg, as Cill Dara?'
'Tiomáineann'.
'An é an tUasal Ó Sé é?'
'Is é'.

Tá sé a trí a chlog

Tá sé a naoi a chlog ar maidin

Meán lae

Tá sé cúig chun a deich

Tá sé ceathrú chun a cúig

Tá sé fiche cúig chun a ceathair

Tá sé a sé a chlog

Tá sé a naoi a chlog san oíche

Meán oíche

Tá sé cúig tar éis a dó

Tá sé ceathrú tar éis a haon

Tá sé leathuair tar éis a hocht

Féach ar an gclár ama seo agus freagair na ceisteanna i bhfocail i do chóipleabhar.

Amchlár Phádraig

	Luan	Máirt	Céadaoin	Déardaoin	Aoine
8.45	Gaeilge	Eolaíocht	Reiligiún	Béarla	Staidéar Gnó
9.25	Matamaitic	Staidéar Gnó	Gearmáinis	Gearmáinis	Fraincis
10.05	Fraincis	Reiligiún	Gaeilge	Stair	Béarla
10.45	SOS	SOS	SOS	SOS	SOS
11.00	Eolaíocht	Gaeilge	Fraincis	Staidéar Gnó	Matamaitic
11.40	Eolaíocht	Matamaitic	Tíreolaíocht	Reiligiún	Reiligiún
12.20	Gearmáinis	Fraincis	Gaeilge	Leabharlann	Gaeilge
1.00	LÓN	LÓN	LÓN	LÓN	LÓN
1.45	Tíreolaíocht	Béarla	Leathlá	Ealaín	Stair
2.25	Stair	Tíreolas		Corpoideachas	Miotalóireacht
3.05	Béarla	Gearmáinis		Corpoideachas	Miotalóireacht
3.45	Traenáil peile	Teilifís	Cleachtadh don bhanna ceoil	Traenáil peile	Club óige 8.00in
7.00	Obair bhaile	Obair bhaile	Obair bhaile	Obair bhaile	------------

Ceisteanna

1. Cén t-am a mbíonn ealaín ag Pádraig? *what time dose he haive ait*
2. Cén lá a mbíonn Corpoideachas aige?
3. Cén t-am a mbíonn sos ar maidin aige?
4. Cad a bhíonn ar siúl tar éis an rang staire Dé hAoine?
5. Cén t-am a thosaíonn na ranganna ar maidin?
6. Cén t-am a thosaíonn na ranganna um thráthnóna?
7. Cén lá a théann Pádraig go dtí an cleachtadh don bhanna ceoil?
8. Cén t-am agus cén lá a théann sé go dtí an club óige?
9. Téann Pádraig ag traenáil faoi *dhó* – cathain?
10. Cén lá *nach* ndéanann Pádraig aon obair bhaile?
11. An maith le Pádraig obair bhaile, dar leat?
12. Cé mhéad rang staidéir ghnó a bhíonn ag Pádraig in aghaidh na seachtaine?
13. Cén lá a mbíonn rang fada eolaíochta ag Pádraig?
14. Cén lá agus cén áit a léann Pádraig leabhair?
15. Cad iad na laethanta a mbíonn stair ag Pádraig?

Féach uimh. 22 agus 23 sa leabhar saothair

Cé mhéad litir atá san aibítir Ghaeilge? Céard iad? Céard iad na litreacha atá san aibítir Bhéarla nach bhfuil againn sa Ghaeilge?

Ar cheap tú gur litir é 'h'? Go dtí le déanaí níorbh ea. Is bealach é le litir eile a dhéanamh séimh tar éis do rud éigin tarlú di. Sin an fáth a dtugaimid 'séimhiú' air. Fadó, níor scríobh éinne 'h', chuir siad ● os cionn na litreach séimhithe agus ghlaoigh siad 'litir bhuailte' nó 'ponc' air.

D'úsáid daoine 'an ponc' nuair a bhí siad ag scríobh sa tseanslí – an Cló Gaelach. Tá sé cosúil leis an gcló a úsáidimid inniu – an cló Rómhánach – ach tá cúpla litir difriúil. Thug an rialtas an cló Rómhánach isteach timpeall 1950 mar bhí sé róchostasach clóscríobh agus clóbhualadh a dhéanamh sa chló Gaelach.

Féach ar an aibitír sa chló Gaelach:

ɑbcꝺeꝼʒhilmnopꞃꞅꞇu ᴀbcꝺeꝼʒhilmnopꞃꞅꞇu

An dtuigeann tú an píosa seo sa chló seo?

Garrúnín deas é Seán

Mac le Máirtín Seoirse

Cím id é gach lá

agus caitín bán na chóngar.

Scríobh an file Peadar Ó hAnnracháin é seo sa chló Gaelach nuair a chum sé an dán fadó, fadó.

Ach an raibh a fhios agat go raibh aibítir eile againn sular thug na manaigh léamh agus scríobh go hÉirinn? B'fhéidir go bhfaca tú é i do leabhar staire. Ogham ab ainm dó. Ghearr na Gaeil ainmneacha daoine ar chlocha. Féach ar an aibítir Ogham.

An féidir leatsa d'ainm féin a scríobh in Ogham?

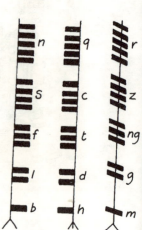

Is féidir níos mó eolais a fháil faoin aibítir sna leabhair seo:

Stair na Teanga (Folens)
A View of the Irish Language (eag. Ó Cuív)
Tobar na Gaeilge: Litríocht agus Teanga (Ciarán Ó Cúlacháin)
Gnéithe d'ár nDúchas (Máirtín Ó Murchú)

. . . GLUAIS

aibítir: *alphabet*   séimh: *soft*   cló: *print*

42

Féach ar an tuairisc scoile a fuair Naomi um Nollaig agus freagair na ceisteanna a ghabhann léi i do chóipleabhar.

Tuairisc na Nollag

Pobalscoil Chúil Mhín
Baile Bhlainséir
Baile Átha Cliath 7

Ainm an dalta: Naomi Ní Chéileachair
Rang: 1A

Ábhar	Grád	Marc	Áit	Tuairisc	Múinteoir
Gaeilge	A	87%	1ú	Scoláire iontach – Féar plé di.	R.NíD
Béarla	B	80%	3ú	Cailín cliste, oibríonn sí go crua	R.ÓB
Matamaitic	A	93%	1ú	Matamaiticeoir den scoth!	L.NíR
Fraincis	B+	83%	3ú	Cainteoir maith – ró-mhaith b'fhéidir amanna	B.NicF
Tíreolaíocht	C+	69%	5ú	Go maith, dea-bhéasach	O.MacL
Stair	A	86%	1ú	An-chailín, léann sí agus scríobhann sí go leor, is breá léi bheith sa leabharlann	R.ÓP
Adhmadóireacht	A+	99%	1ú	An-dul chun cinn déanta aici	F.NíS
Eolaíocht	B	70%	7ú	Go maith ach ró-chainteach	L.ÓFl.
Staidéar Gnó	B	78%	8ú	An-suim aici san ábhar	M.NíP.
Reiligiún	A	90%	3ú	Go maith ach í a bheith ciúin	D.Mac S.
Eacnamaíocht Baile	B	81%	4ú	Go maith, go han-mhaith	S.NíN
Ealaín	C	59%	11ú	Déanann Naomi iarracht i gcónaí	D.ÓF
Corpoideachas				Is cailín iontach í ar an bpáirc, sa halla, ag gach aon spórt.	A.ÓM

Tuairisc an mhúinteora ranga: Is cailín cliste, deabhéasach, cairdiúil í Naomi a réitíonn go maith lena múinteoirí agus leis na daltaí eile. Tá sí pas beag cainteach i rang nó dhó, áfach.

A. Ní Chonaire

Tuairisc an phríomhoide: Tá Naomi ag obair agus ag imirt go crua. Táimid an-sásta léi.

F. Uí Bhuachalla

Ceisteanna

1 Cén rang ina bhfuil Naomi?
2 Cá bhfuil a scoil?
3 Cén saghas scoile é?
4 Cad is ainm don phríomhoide?
5 Cad é an marc is airde a fuair Naomi agus cén t-ábhar a bhfuair sí an marc sin ann?
6 Cad é an t-ábhar is laige ag Naomi?
7 Bíonn Naomi ag caint i ranganna áirithe. Cad iad na ranganna?
8 Cé mhéad fear agus cé mhéad bean a mhúineann Naomi?
9 An maith le Naomi Staidéar Gnó?
10 An maith le Naomi bheith ag léamh?

Féach uimh. 25 sa leabhar saothair

26 Trealamh agus seomraí

Bíonn trealamh agus seomraí speisialta ag baint le roinnt ábhar. An féidir leat an trealamh ceart a chur sa seomra ceart don ábhar ceart. Déan cairt amach i do chóipleabhar faoi na teidil seo: *ÁBHAR; SEOMRA* agus *TREALAMH*:

Go minic bíonn na rudaí céanna ag teastáil le haghaidh cúpla ábhar!

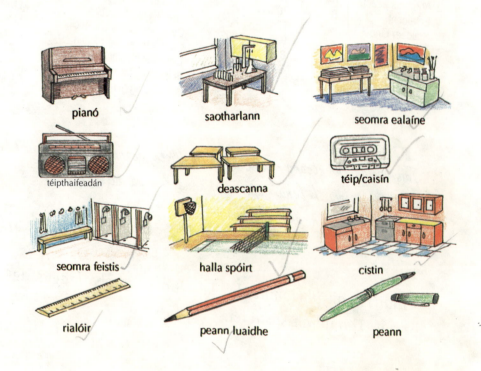

pianó

saotharlann

seomra ealaíne

téipthaifeadán

deascanna

téip/caisín

seomra feistis

halla spóirt

cistin

rialóir

peann luaidhe

peann

bruthaire

clár dubh

eascra

dabhach

cailc

seomra ranga

snáth & snáthaid

triantán

dialann

cóipleabhar

leabhar nótaí

casúr

binse

cathaoir

liathróid

scuab

péint

clár na bhfógraí

compás

léarscáil

Féach uimh. 27 agus 28 sa leabhar saothair

29 Dán duit!

Seo dán beag eile ó chailín a bhuaigh duais i gcomórtas Slógadh Náisiúnta.
B'fhéidir gur féidir leatsa ceann níos fearr a scríobh agus duais a bhuachan. Gach
eolas ó: Slógadh Náisiúnta, Gael-Linn, 26 Cearnóg Mhuirfean, Baile Átha Cliath 2.

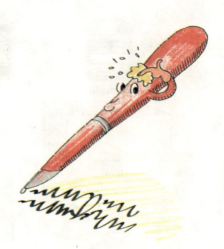

Peann
Róisín Ní Bhriain, Coláiste Pobail
Thrá Lí, Co. Chiarraí

Allas daite as a cheann
É ag obair go tréan
anonn is anall
A chorp caol fada
faoi cheannas na méar
's iad ag ídiú a shaoil go mall

Scéala Slógadh 10 Aibreán 1988

. . . GLUAIS

Allas: *sweat*	corp: *body*
daite: *coloured*	caol: tanaí
anonn is anall: *to and fro*	faoi cheannas : faoi smacht, *under the control of*
go tréan: go láidir	ag ídiú: *running out*

Buntuiscint
1   Cad é an t-allas daite atá ag teacht amach as a cheann?
2   Cén obair atá ar siúl aige?
3   An mbeidh an peann seo i gcónaí ann?
4   Cén sórt pinn é seo, meas tú? Peann luaidhe? Peann dúich? Biro? Marcóir?
    Cén fáth a measann tú é sin?

Obair shamhlaíoch
1   Is peann tú. Scríobh cúpla abairt faoi conas a thaitníonn do phost leat.
2   An bhfuil pictiúr eile den pheann seo agatsa i d'intinn? Déan cur síos air i
    d'fhocail nó i do phictiúr féin.
3   Féach isteach i do mhála peann nó do mhála scoile féin. An bhfuil tú
    ábalta dán a scríobh faoi aon cheann de na rudaí atá agat ansin?

Cúinne na Gramadaí!

Déanann tú a lán rudaí difriúla le linn ranga.

	Cad a dhéanann tú?	Cad a dhéanann sibh?	mé	sinn
Léigh	Mise? *Léim* leabhair	Sinne? *Léimid* téacsanna	-im	-imid
Scríobh	*Scríobhaim* ceachtanna	*Scríobhaimid* aistí	-aim	-aimid
Éist	*Éistim* le téipeanna	*Éistimid* leis an múinteoir	-im	-imid
Labhair	*Labhraim* le mo pháirtí	*Labhraimid* i nGaeilge	-aim	-aimid

Obair ranga

I do leabhar gearrthán, déan cur síos ar gach ábhar a dhéanann tú. Tá cabhair anseo thíos duit don chéad ábhar:

Múineann _____ Gaeilge i Seomra _____. _____ is ainm don leabhar Gaeilge. Bíonn cóipleabhar, leabhar nótaí, foclóir agus peann ag teastáil uaim. Tá téipthaifeadán, clár dubh agus deascanna sa seomra. Sa rang _____imid _____, _____imid _____ agus _____imid _____.

Féach uimh. 31 sa leabhar saothair

32 Teanga ranga agus an Modh Ordaitheach

Tugann múinteoirí a lán orduithe. Éist leis an téip de na múinteoirí seo ag tabhairt amach orduithe dá ranganna. An ndeir do mhúinteoir aon cheann acu seo? Scríobh na huimhreacha 1-14 síos i líne i do chóipleabhar agus scríobh 'deir' nó 'ní deir' in aice le gach ceann.

1	Suígí síos, a dhaltaí!
2	Seasaigí suas anois!
3	Stopaigí den chaint!
4	A bhuachaillí agus a chailíní! Fanaigí ciúin!
5	Anois, osclaígí na leabhair ar leathanach 63!
6	Ná féachaigí ar na freagraí go fóill!
7	Éistigí leis an téip, in ainm Dé!
8	Léigh amach é sin anois, a Sheáin!
9	Cuir é sin sa bhosca bruscair go beo, a Nóilín!
10	Ná déan é sin arís, a phleidhce!
11	Tabhair dom do chóipleabhar, a Mhic Uí Bhroin!
12	Bain díot do chóta, a Choilm!
13	Ná labhair liomsa mar sin!
14	Ná habair níos mó, a Chaitlín!

Anois éist leis an téip arís agus scríobh síos an t-ordú a thugann an múinteoir i ngach cás. Scríobh síos na briathra amháin – ná scríobh amach ainmneacha, srl.

Mar shampla:
1 Suígí
8 Léigh

Cé leis a bhfuil an múinteoir ag caint sa chéad seacht n-abairt?
Cé leis a bhfuil an múinteoir ag caint sa dara seacht n-abairt?

Féach uimh. 33 sa leabhar saothair

Cúinne na Gramadaí!

An dtuigeann tú anois conas ordú a thabhairt do dhuine nó do dhaoine eile?

Is féidir ordú a thabhairt do dhuine amháin:

Cuir…!	Ná cuir …!
Déan…!	Ná déan…!
Bailigh…!	Ná bailigh…!
Oscail…!	Ná hoscail…!

Nó is féidir ordú a thabhairt do dhaoine le chéile:

Cuirigí…!	Ná cuirigí…!
Déanaigí…!	Ná déanaigí:!
Bailigí…!	Ná bailigí…!
Osclaígí…!	Ná hosclaígí…!

Ná déan dearmad ar an riail:
CAOL LE CAOL IS LEATHAN LE LEATHAN.

Oscail an fhuinneog, le do thoil

Cuir amach an cat sin, a Bhriain

Cuirigí oraibh bhur gcótaí. Tá sé an-fhuar

Ná hosclaígí bhur leabhair go fóill

Scríobh amach cúig ordú do do chara agus abair leis / léi iad a dhéanamh.
Mar shampla: 'Litrigh m'ainm!'

Anois abair le do ghrúpa nó leis an rang ar fad iad a dhéanamh.
Mar shampla: 'Litrígí m'ainm!'

An féidir leat orduithe a thabhairt do do mhúinteoir?

34   Treoracha agus orduithe

Cé mhéad seachtain atá sibh ar scoil anseo anois? An bhfuil a fhios ag gach éinne cá bhfuil gach seomra sa scoil?

CLUICHE:
Smaoinigh ar sheomra éigin sa scoil, mar shampla an oifig.

Scríobh síos na treoracha a bheadh ag teastáil ó dhuine chun dul ón rang Gaeilge go dtí an áit sin.
Anois léigh na treoracha sin amach do do chara. An bhfuil a fhios aige / aici cén seomra atá i gceist agat?

Bain úsáid as na horduithe seo:

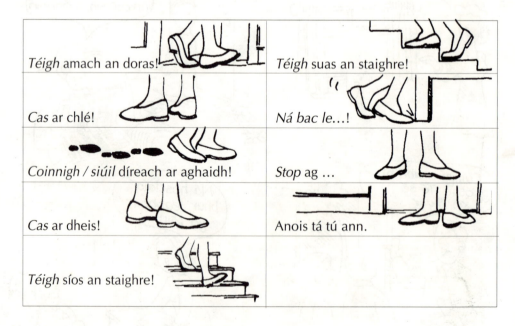

Téigh amach an doras!	*Téigh* suas an staighre!
Cas ar chlé!	*Ná bac le...*!
Coinnigh / siúil díreach ar aghaidh!	*Stop* ag ...
Cas ar dheis!	Anois tá tú ann.
Téigh síos an staighre!	

Féach uimh. 35 sa leabhar saothair

Cad iad na rudaí a deir tú féin sa rang Gaeilge?
An dtuigeann tú iad seo thíos?

1 Gabh mo leithscéal.
2 Cad is brí le …?
3 Ní thuigim.
4 Conas a litríonn tú …?
5 An bhfuil cead agam …?
6 Cén Ghaeilge atá ar …?
7 An bhfuil orainn …?
8 Níl m'obair bhaile déanta agam mar …
9 Rinne mé dearmad ar …
10 Tá brón orm go bhfuil mé déanach ach…

Féach uimh. 37 sa leabhar saothair

38   Leithscéalta

Gabh mo leithscéal

Tá brón orm ach tá / níl …
Tá orm **dul…**
Níl mé in ann **teacht…**
Ní féidir liom **bheith…**
Níl m'obair bhaile déanta agam mar …

Ar chuala do mhúinteoir féin aon leithscéal maith ó aon dalta? An bhfuil tú in ann cúpla leithscéal a chumadh tú féin?

Is tusa an dalta atá i gceist i ngach cás thíos. Scríobh amach an leithscéal a dhéanfá leis an múinteoir mar chomhrá i do chóipleabhar. Bain úsáid as na leaganacha a d'fhoghlaim tú ar lch. 51 thuas.

1   Níl d'obair bhaile déanta agat.
2   Níl aon téacsleabhar sa rang agat.

3   Tá tú déanach don rang.
4   Tá ort an rang a fhágáil.

Féach uimh. 39 agus 40 sa leabhar saothair

Maratón cispheile

FÓGRAÍ

Maratón Cispheile
ar son **Trócaire**
Faoi 16

Oíche Shathairn i Halla na Scoile.
Buachaillí agus Cailíní ag teastáil chun ciseáin a bhaint amach ó 6.00in go dtí 12.00.
Cártaí airgid le fáil ón Uasal Ó Loingsigh

Téacsleabhair na chéad bhliana ar díol ag dalta atá ag dul go Sasana
Wie Gehts, Salut, etc.
Ar phraghas réasúnta
Gach eolas ó
Mícheál Ó Báille
Rang 1.3.

Tráthnóna Staidéir
Ullmhúchán do scrúduithe na Nollag
4.00-6.00in
6.00-8.00in
gach Satharn
i Leabharlann na scoile.
Gach eolas ó R. St Leger, leabharlannaí.

Dioscó Mór
sa Chlub Óige faoi 18, 8.00-10.00
£3.00 isteach
Duaiseanna don rinceoir is fearr.
Fear na gCeirníní don oíche:
Stiofán 'Suaimhneach' Seoirsean.

Anois éist leis an téip agus léigh na comhráite thíos ag an am céanna:

Ó Loinsigh: A bhuachaillí is a chailíní! Ní thuigim sibh. Níl ach trí ainm ar an liosta seo agam. Tá a fhios agam gur mhaith libh airgead a bhailiú do Thrócaire ach níl éinne sásta a n-ainm a thabhairt dom. A Ghrahaim Uí Bhroin, céard fútsa?

Graham: Ba mhaith liom a mháistir ach tá a lán staidéir le déanamh agam. Beidh mé ag freastal ar an tráthnóna staidéir sa leabharlann. Tá brón orm.

Ó L: A Dheirdre Ní Shé? Is maith leatsa cispheil. An mbeidh tú linn?

Deirdre: Ba mhaith liom a bheith, a mháistir, ach tá orm dul go dtí an tráthnóna staidéir freisin.

Ó L: Ach críochnaíonn sé sin ar a hocht a chlog. Is féidir leat uair a chloig a dhéanamh ansin.

Deirdre: Ach a mháistir, tosaíonn an dioscó ar a hocht a chlog agus tá cead agam dul ann má dhéanaim roinnt staidéir ar dtús.

Ó L: Is féidir leat dul ann ar a naoi. Ní thosnaíonn na rudaí seo in am riamh.

Deirdre: Ach ní bheidh am agam cith a bheith agam nó dada roimh an dioscó!

Ó L: Dioscó! Dioscó! An Club Óige! Céard faoi na daoine bochta amuigh san Afraic? Ní bhíonn aon dioscó acu siúd leoga! Céard fútsa, a Neansaí?

Neansaí: Tiocfaidh mise ar a sé a mháistir ach beidh orm imeacht ar a seacht mar táim istigh ar chomórtas rince.

Ó L: Cén comórtas rince? Níor chuala mise aon rud faoi chomórtas rince. Anseo sa scoil an ea? Beidh an halla in úsáid againn don mharatón cispeile.

Neansaí: Em, ní sa scoil atá sé … ach in áit éigin eile … em. Is féidir le mo dhearthár beag, Pól, a theacht ar a seacht a chlog. Scríobh síos a ainm: Pól Breathnach.

Ó L: Pól? Níl sé sa scoil seo. Cén aois é? Is dócha go bhfuil sé ró-óg don dioscó sa chlub óige. Huth! A Mhíchíl Uí Bhroin, tiocfaidh tusa, déanfaidh sé maitheas duit!

Mícheál: Ó, ní bheidh mise in ann teacht go dtí an maratón in aon chor a mháistir agus tá an-bhrón orm ach an rud nach féidir, ní féidir é, tá 'fhios agat.

Ó L: Ó agus cén fáth 'nach féidir é?' a mhic ó?

Mícheál: Bhuel anois a mháistir, tá 'fhios agat go bhfuil mo mhuintir ag dul go Sasana go luath? Bhuel, tá cóisir mhór ar siúl chun slán a fhágáil againn agus caithfidh mé a bheith ann chun slán a rá leo, na haintíní agus na huncailí agus na col ceathracha agus Mamó agus Dadó agus …

Ó L: Ceart go leor, ceart go leor tá 'fhios agam. Ach is féidir leat roinnt airgid a thabhairt dúinn, pé scéal. £2.00 – is dócha go bhfuil an méid sin agat? Scríobhfaidh mé síos ar mo chárta féin tú … Sea Mícheál Ó Broin, £2.00.

Mícheál: Ach a mháistir!

Ó L: Anois éirígí as an gcaint sin sibhse, stopaigí a deirim. Fanaigí ciúin. Cuirfidh mé suas fógra amárach le hainm gach éinne air agus am faoi leith do gach éinne. Ní ghlacfaidh mé le haon leithscéal ach amháin nóta scríofa ag bhur dtuismitheoirí. An dtuigeann sibh?

53

Ceisteanna

1   Cén fáth a bhfuil an múinteoir míshásta?
2   Céard a bheidh ar siúl ag Deirdre an tráthnóna sin?
3   Cé hé Pól?
4   Cén fáth nach féidir le Mícheál dul chuig an maratón?
5   Cén fáth a bhfuil Mícheál míshásta?

Seo é an fógra a chroch an tUasal Ó Loingsigh an lá dar gcionn.

Maratón Cispheile

i Halla na Scoile
Oíche Dé Sathairn
6.00pm–12.00 meán oíche

6.00–7.00 Neansaí Bhreathnach, Seán de Bhál
7.00 –8.00 Pól Breathnach, Maitiú Ó Mórdha
9.00–10.00 Mícheál Ó Báille, Natasha Nic Craith
10.00–11.00 Stiofán Seoirsean, Martina Ní Fhloinn
11.00–12.00 R. St Leger, Marcas Mac Donnagáin

Seo nóta a fuair an tUasal Ó Loingsigh ó Mhartina Ní Fhloinn:

A mhúinteoir, a chara,

Tá brón orm ach ní bheidh mé in ann páirt a ghlacadh sa mharatón cispheile i halla na scoile oíche Dé Sathairn seo chugainn. Tá orm staidéar a dhéanamh do scrúduithe na Nollag agus ansin tá orm dul chuig cóisir do mo chol ceathracha, Muintir Uí Bháille, a bheidh ag dul chun cónaithe i Sasana go luath. Tabharfaidh mé punt don leabharlannaí le tabhairt duit.

Gabh mo mhíle leithscéal.

Is mise
Martina Ní Fhloinn

Sínithe: Bean Uí Fhloinn

Tasc Scríofa

Is tusa duine de na daoine atá ar fhógra an Uasail Uí Loingsigh. Ní féidir leat páirt a ghlacadh sa mharatón. Scríobh nóta chuige ag déanamh do leithscéil.

Abair: • go bhfuil brón ort
         • nach bhfuil tú in ann dul mar …
         • gur mhaith leat cabhrú ag am / lá éigin eile

Bíodh síniú Mhaim nó Dhaid air.

Obair bheirte

An bhfuil aon réiteach eile ar an bhfadhb seo? Pléigh í le do chara. Caithfidh gach beirt sa rang teacht ar phlean éigin ionas gur féidir le gach duine bheith saor oíche Shathairn agus cabhair a thabhairt do Thrócaire.

Féach uimh. 41 sa leabhar saothair

42   Rialacha scoile

Déan na comharthaí a mheaitseáil leis na rialacha seo thíos:

Ná caitear tobac
Cosc ar rothair
Ná siúil ar an bhféar
Ciúnas
Ná caith bruscar

An bhfuil aon fhógraí agaibhse ar scoil nach bhfuil ar an liosta seo? Tarraing pictiúir díbh i do chóipleabhar agus scríobh an riail thíos fúthu.

Féach uimh. 43-45 sa leabhar saothair

Litreacha gearáin

Bíonn a lán rialacha i ngach scoil ach go minic ní maith leis na daltaí iad. Féach ar na litreacha seo a fuair an t-eagarthóir ag gearán faoi rialacha difriúla.

Litir 1

> Baile Átha Cliath
>
> A Eagarthóir, a chara,
>
> Ba mhaith liom gearán a dhéanamh faoi mo scoil agus tá súil agam go bhfoilseoidh tú mo litir. Tá mise sa séú bliain i scoil dara leibhéal i mBaile Átha Cliath agus, cosúil le m'athair agus mo mháthair, caithim tobac. Anois, bíonn an lá scoile fada agus bím ag fáil bháis cheal toitín. Ach níl cead againn toitíní a chaitheamh aon áit sa scoil. Tá seomra speisialta ag na múinteoirí inar féidir leo gal a bheith acu, ach má bheirtear ar aon scoláire ag caitheamh tobac, cuirtear ar fionraí é go ceann trí lá.
> An dóigh leat go bhfuil sé seo féaráilte?
>
> Is mise le meas,
> Pól Ó Gallachóir
> (seoladh ag an eag.)
>
> Hmmm. Bíonn tú ag fáil bháis CHEAL toitín? Gheobhaidh tú bás i bhfad níos éasca le toitín! Ach céard a cheapann sibhse, a léitheoirí? Scríobhaigí chugainn!
>
> Eagarthóir

Mahogany Gaspipe, Earrach 1992

Co. an Chabháin

A Eagarthóir, a chara,

Níl mé sásta in aon chor. Tá mé sé bliana déag d'aois agus fós bíonn orm stocaí bána go dtí mo ghlúine a chaitheamh. Is ag caint ar m'éide scoile atá mé – tá sé áiféiseach, cailín de m'aois a bheith ag caitheamh a leithéid.

Agus níl sé féaráilte go bhfuil ar chailíní sciorta a chaitheamh ar scoil agus go bhfuil cead ag na buachaillí bríste a chaitheamh. Bímse préachta leis an bhfuacht ag teacht ar scoil agus bíonn mo dhearthair, atá dhá bhliain déag d'aois agus sa scoil chéanna te teolaí.

An féidir leis an Aire Oideachais aon rud a dhéanamh faoi seo nó an bhfuil Aire ann do chearta na mban?

Is mise, le meas,
Sandra Ní Neachtain

Litir 3

An Tulach Mhór

A Eagarthóir, a chara,

Ní maith le múinteoirí daoine óga! B'fhéidir nach maith leo daoine! B'fhéidir nach bhfuil siad daonna fiú!

Bhí scornach tinn uafásach orm an tseachtain seo agus bhí nóta agam ó mo mháthair ionas nach mbeadh orm corpoideachas a dhéanamh. Níor thug aon mhúinteoir cead dom milseáin a chogaint chun mo scornach bocht a leigheas! 'Faigh nóta agus tabharfaidh mé do *Freshers* ar ais duit' arsa an múinteoir Gaeilge liom – in ainm Dé!

Is mise, Póilín de Brún

. . . GLUAIS

go bhfoilseoidh tú: *that you will publish*
gal: *smoke*
ar fionraí: *suspended*
cheal: *gan*
léitheoirí: *readers*
áiféiseach: *ridiculous*
a leithéid: *such* (*things*)
aire: *minister*

daonna: *human*
scornach: *throat*
a chogaint: *a ithe, chew*
leigheas: *cure*

Tasc scríofa

Tá rud éigin le rá ag an eagarthóir le Pól Ó Gallachóir. Cad a déarfá féin leis na daoine eile? Scríobh an nóta gearr a chuirfeá i d'iris mar gheall ar na trí ghearán seo nó scríobh litir chuig an eagarthóir ag rá cad a cheapann tú.

Bí cinnte go scríobhann tú gach rud i gceart mar seo:

Seoladh
Dáta

A Eagarthóir, a chara,

Is mise, le meas,

B'fhéidir gur mhaith leat na nathanna seo a úsáid:

Léigh mé an litir ó …

Ní aontaím le = *I don't agree*

Níl sé féaráilte = *it's not fair*

Is dóigh liom go = *I think that*

Níor chuala mé riamh = *I never heard*

ráiméis = *rubbish*

46   Scoileanna lán-Ghaelacha

Déanann tú an Ghaeilge mar ábhar i do scoilse. Is féidir leat Gaeilge a labhairt taobh amuigh den rang Gaeilge agus le roinnt de na múinteoirí a mhúineann ábhair eile duit. Ach an raibh a fhios agat go bhfuil scoileanna ann ina ndéanann na daltaí gach ábhar trí Ghaeilge? Déanann siad matamaitic agus stair agus Gearmáinis trí Ghaeilge. Ar ndóigh tá Gaeilge líofa ag na daltaí seo. Gach seans go ndeachaigh siad go dtí naíonra agus bunscoil lán-Ghaelach sular thosaigh siad ar an dara leibhéal nó b'fhéidir gur as teaghlaigh Ghaelacha nó as an nGaeltacht iad. Pé scéal é, tá siad ann!

Anois, féach ar na ceisteanna seo. Is féidir leat iad a phlé le do chara nó leis an rang ar fad, *trí Ghaeilge*!

Ceisteanna le plé sa rang

1   Cad is scoil lán-Ghaelach ann?
2   Cén difríocht atá idir scoil lán-Ghaelach agus do scoil féin?
3   An ndéantar gach ábhar sna scoileanna lán-Ghaelacha?
4   Ar mhaith leatsa dul go dtí scoil lán-Ghaelach? Cén fáth?
5   An bhfuil aithne agat ar aon duine atá ag freastal ar scoil lán-Ghaelach? Cá bhfuil na scoileanna seo?

[Moladh don mhúinteoir: Fístéip Telegael *Tá sé 'na Lá* a thaispeáint anseo. Ar fáil ó Bhord na Gaeilge, 7 Cearnóg Mhuirfean, Baile Átha Cliath 2 nó glaoigh ar (01) 676 3222.]

Tasc scríofa

Samhlaigh gur dalta i scoil lán-Ghaelach tú. Scríobh an comhrá a bheadh idir tú féin agus an múinteoir nó idir tú féin agus dalta eile ar do chéad lá ar scoil.

Aonad 3

Caitheamh Aimsire 1: Ceol agus Spórt

San aonad seo foghlaimeoidh tú conas:

- cur síos a dhéanamh ar cheoltóirí agus a gcúlra
- labhairt faoi na saghsanna ceoil a thaitníonn leat
- daoine a cheistiú faoi na saghsanna ceoil a thaitníonn leo
- labhairt faoi na ceoltóirí agus na grúpaí a thaitníonn leat
- tuairimí a chur in iúl
- rudaí a chur i gcomparáid le chéile
- uirlisí ceoil a ainmniú
- labhairt faoi na saghsanna spóirt a thaitníonn leat
- daoine a cheistiú faoin spórt a imríonn siad
- na rudaí a bhíonn ag teastáil uait don spórt a ainmniú
- cur síos a thabhairt ar chluiche

Gramadach!

An Aimsir Chaite
An Aimsir Láithreach agus Ghnáthláithreach
Foirmeacha ceisteacha
Forainmneacha Réamhfhoclacha
An Briathar **taitin**
Comhfhocail (an-, ró-)
Céimeanna Comparáide na hAidiachta
An Tuiseal Ginideach

1

Éistim le ceol

I Listen to music

Téim chuig ceolchoirmeacha

I go to concerts.

Seinnim / Bím ag seinm le grúpa ceoil

I play with a grupp

Bím ag rince do gach saghas ceoil

I dance to every kind of music.

Nóta
canaim amhráin
seinnim uirlis
ach éistím <u>le</u> ceol

Féach uimh. 2 sa leabhar saothair

3

Léamhthuiscint

Léigh an sliocht seo faoi Jim Morrison agus freagair na ceisteanna a ghabhann leis.

Fuair Jim Morrison ó na *Doors* bás tubaisteach i bPáras na Fraince i 1971. Téann daoine ar cuairt chuig a uaigh i reilig Père Lachaise fós mar tá an-mheas acu air agus ar a chuid ceoil. 'Lizard man' an leasainm a bhí air. Chuir na *Doors* a gcéad cheirnín, 'The Doors,' amach i 1967 agus thosaigh daoine ag caint fúthu. Scríobh Jim Morrison na liricí go léir. File a bhí ann agus éistíonn a lán daoine lena chuid amhrán inniu, mar shampla 'Light my Fire' agus 'Riders on the Storm'.

Is maith le go leor ceoltóirí raic na *Doors* freisin agus tá an-mheas acu ar a gceol agus ar a gcuid amhrán. Bhí an-tionchar ag Jim Morrison agus na *Doors* ar *U2* nuair a thosaigh siad ar dtús. Tá an-mheas ag Dave Evans ar Jim fós. 'The Edge' an leasainm atá ar Dave, ar ndóigh, agus seinneann sé an giotár leis an ngrúpa Éireannach is cáiliúla ar domhan. Bíonn *U2* ag seinm mórthimpeall an domhain agus dhíol siad níos mó albaim ná aon ghrúpa Éireannach riamh.

Is féidir leat tuilleadh eolais faoi na réaltaí seo a fháil in aon leabharlann. Ar léigh tú *Unforgettable Fire* le hEamon Dunphy faoi *U2* nó *No One Here Gets Out Alive* le Terry Hopkins agus Danny Sugerman faoi Jim Morrison riamh?

. . . GLUAIS

tubaisteach: *tragic*
cuairt: *visit*
uaigh: *grave*
reilig: *graveyard*
leasainm: *nickname*

meas: *respect*
tionchar: *effect*
cáiliúil: *famous*
mórthimpeall: *all over*
réaltaí: *stars*

Freagair na ceisteanna seo i do chóipleabhar.

1   Cá bhfuil uaigh Jim Morrison?
2   Cathain a fuair sé bás?
3   Cén leasainm atá ar Dave Evans?
4   Cad a sheinneann Dave Evans?
5   Céard é *No One Here Gets Out Alive*?

Tasc scríofa

An bhfuil aon eolas agatsa faoi na daoine a luadh thuas? An féidir leat cur síos a dhéanamh orthu i do chóipleabhar? Cuir ceist ar dhuine éigin sa bhaile nó ar sheanmhúinteoir ar scoil! Is féidir leat ceoltóir cáiliúil eile a roghnú, mar shampla John Lennon, Billie Holiday, Patsy Cline nó Buddy Holly. Tá sampla tugtha duit ar lch. 62.

Buddy Holly

Fuair sé bás i dtimpiste eitleáin i 1959.
Bhí sé ag seinm leis na *Crickets*.
Chan siad 'Raining in my heart' agus 'Peggy Sue'.

Nod Is féidir leat usáid a bhaint as na nathanna seo thíos:

Bhí	sé / sí / siad	ag seinm	leis an ngrúpa…
(Bíonn)			leis / léi / leo féin
Bhí	sé / sí / siad	ag canadh	ar an albam
Sheinn			an giotár
(Seinneann)			na drumaí
Chan	sé / sí / siad		
(Canann)			
Scríobh	sé / sí / siad		
(Scríobhann)			
Chuaigh	sé / sí / siad		ar thuras
(Téann)			
Dhíol	sé / sí / siad		milliún cóip de …
(Díolann)			

Féach uimh. 4 sa leabhar saothair

5

Léamhthuiscint

Léigh an píosa seo faoi Freddie Mercury agus a ghrúpa Queen agus ansin freagair na ceisteanna a ghabhann leis i do leabhar saothair (uimh. 5).

Queen – Ríthe Ceoil!

'Mama, oooh oooh.
I don't wanna die.
If I'm not back again this time tomorrow
Carry on carry on
As if nothing really matters...'

Ní féidir liom éisteacht leis na lirící seo ón amhrán *Bohemian Rhapsody* gan drithlíní fuachta a theacht liom. Chum Freddie Mercury an t-amhrán thart ar ocht mbliana déag ó shin, ach ar bhealach aisteach éigin, d'fhéadfadh sé a bheith ag cur síos ar a scéal féin agus ar an gcaoi thragóideach a d'fhág sé an saol seo – go ndéana Dia grásta air.

Imprisean Mór

Is cuimhin liom go maith an chéad uair a chonaic mé Freddie. Mí an Mhárta 1974 a bhí ann. Bhí sé ag pramsáil thart ar stáitse **Top Of The Pops** gléasta in éide dhubh agus é ag casadh *Seven Seas of Rhye*, an chéad singil ó **Queen** a rinne imprisean mór ar na cairteacha.

D'fhéach sé isteach sa cheamara, dreach fíochmar ar a aghaidh mhaorga agus bhéic sé in aird a chinn is a ghutha orainn:

'I command your very souls you unbelievers!
Lay before me what is mine,
The Seven Seas of Rhye!'

Ba bheag nár thit mé den chathaoir! Bhí cúrsaí ceoil i ndroch-chaoi i 1974 – má deirim leat go raibh **The Wombling Song** leis na Wombles, **Happiness Is Me And You** le **Gilbert O'Sullivan**, agus (ugh!) *School Love* le **Barry Blue** sna cairteacha ag an am céanna, tuigfidh tú céard tá i gceist agam!

Ach an fear seo, bhí stíl ag baint leis! An fhéinmhuinín a léirigh sé! Agus an glór sin! Bhí sé dochreidte. Bhí mé gafa ar an bpointe. An chéad lá eile cheannaigh mé an tsingil. Bhí sé agam go dtí bliain go leith ó shin nuair a d'ith mo mhac é, ach sin scéal eile...

Difriúil

An chéad cheirnín eile le **Queen** a cheannaigh mé ná *Killer Queen* a shroich uimhir a dó sa Bhreatain i mí na Samhna 1974. Bhí a fhios agam faoin am sin go raibh Queen ar an mbóthar ard. Bhí siad difriúil ar fad leis na grúpaí eile sna cairteacha. Na **Bay City Rollers**, mar shampla: paca prapanta de dhéagóiri goiríneacha ó shráideanna Ghlaschú, a chas amhráin phianmhara ar nó *Bye Bye Baby*, nó *All Of Me Loves All Of You!* Is ea, ba fhíorghrúpa iad Queen – grúpa a thuig céard a bhí ag teastáil ó dhaoine óga mar mise, agus a bhí réidh len é a thabhairt dóibh!

Ach dá fheabhas iad *Seven Seas* agus *Killer Queen*, níor réitigh siad duine ar bith don chéad mheigishingil eile a bhí le teacht ón ngrúpa. Ba amhrán é a mheasc an rac-cheol leis an gceol Opera ar bhealach a chuir idir iontas agus fhearg, gan trácht ar eagla, ar dhaoine.

Kenny Everett

Ach murach **Kenny Everett,** a bhí ag obair mar láithreoir ar **Capital Radio** ag an am, tá seans ann nach bhfeicfeadh *Bohemian Rhapsody* solas an lae mar shingil ar chor ar bith! Maireann an ghnáthshingil thart ar thrí nóiméad, ach mhair *Bohemian Rhapsody* a dhá oiread sin! Bhí comhlacht ceirníní an ghrúpa amhrasach faoi.

Níor shíl boic mhóra **EMI** go n-éisteódh duine ar bith le hamhrán a bhí chomh fada sin. Ach bhí dul amú orthu. Thosaigh Kenny Everett ag casadh *demo* den amhrán lá i ndiaidh lae ar a chlár féin ar Capital Radio. Thit a chuid éisteoirí i ngrá leis an amhrán láithreach agus bhí lasc-chlár *Capital Radio* beo ag daoine ag glaoch isteach ag iarraidh an t-amhrán a chloisteáil arís agus arís agus arís eile!

Chuir EMI amach mar shingil é, agus mar a dúirt an fear, stair ghlan is ea an chuid eile den scéal...

Uimhir a hAon

Chuaigh *Bohemian Rhapsody* isteach i gcairteacha na Breataine ag daichead a seacht ar an ochtú lá de Dheireadh Fómhair 1975. Suas leis go dtí a seacht déag an tseachtain dar gcionn; go dtí a naoi an tseachtain ina dhiaidh sin, agus bhain sé uimhir a haon amach ar deireadh ar an naoú lá is fiche den mhí.

Chaith an t-amhrán mí na Nollag ar fad ag uimhir a haon, agus an chéad chúig sheachtain den Athbhliain chomh maith! Ansin thit sé go dtí uimhir a trí, go dtí uimhir a sé, agus ar deireadh go dtí a sé déag sula ndeachaigh sé as amharc ar fad.

Go dtí an Nollaig seo caite!

Tar éis dá seachtú halbam déag dul go dtí uimhir a haon go luath i 1991 agus iad ag ceiliúradh fiche bliain ar an mbóthar, chaill Queen a bpríomhamhránaí groí. Chinn siad ar cheann de na hamhráin dheireanacha a chum Freddie, *These Are The Days Of Our Lives* a chur amach mar shingil in ómós dó. Agus ar an taobh eile den tsingil chuir siad ... *Bohemian Rhapsody!!!*

Preab!

Phreab an tsingil isteach ag uimhir a haon i gcairteacha na hÉireann agus na Breataine agus d'fhan sé ann ar feadh cúig sheachtain ar fad. Chuir sin leis an naoi seachtain a chaith an t-amhrán sa chéad áit i 1975-76 agus tá sé ar an amhrán is faide a choinnigh greim ar an mbarr riamh!

Thar thréimhse fiche bliain, chas Queen beo os comhair níos mó ná seacht milliún duine agus tá díolaíocht a gcuid albam ag tarraingt ar chéad milliún! Tá an dá bhailiúchán Greatest Hits a chuir siad amach (ceann i 1981 agus ceann i 1991!) fós sna cairteacha agus tá siad ag díol ar nós an diabhail ar fud an domhain go fóill.

Deireadh ré

Ach tá deireadh lena ré. Ní bhfaighfeá áit ar bith ar dhroim an domhain seo cumadóir nó amhránaí ba mhó tallann ná Freddie Mercury. Ba eisean bun agus barr an ghrúpa. Dá leanfaidís ar aghaidh gan é, ní bheadh iontu ach staicín áiféise ag maslú chuimhne an mháistir.

Is ea, nuair a bhásaigh Freddie Mercury, bhásaigh Queen. Cosúil leis na Beatles tar éis dhúnmharú John Lennon, ní thiocfaidh siad le chéile riamh arís – ar an taobh seo den uaigh , ar aon nós. Ach maireann an ceol ríoga a d'fhág siad againn, agus beidh sé againn go deo!
'Any way the wind blows...'

Mahogany Gaspipe,
Earrach 1992

Mahogany Gaspipe,
Earrach 1992

. . . GLUAIS

drithlíní fuachta: *the shivers (goosepimples)*

ar bhealach: *in some way*

aisteach: ait, *weird, strange*

d'fhéadfadh sí: *it could be*

caoi thragóideach: *tragic way*

is cuimhin liom: *I remember*

ag pramsáil: ag damhsa, pocléimnigh, *prancing*

gléasta: *dressed*

dreach fíochmhar: *wild look*

aghaidh mhaorga: *majestic face*

in aird a chinn is a ghutha: at the *top of his voice*

Ba bheag nár: *nearly*
i ndroch-chaoi: go dona
cairteacha: *charts*
fuinneamh: *energy*
féinmhuinín: *self-confidence*
léirigh sé: thaispeáin sé, *he displayed*
dochreidte: *unbelievable*
a shroich: *reached*
paca prapanta: *cheeky brats*
déagóirí: *teenagers*
goiríneacha: *pimply*
dá fheabhas: *despite the excellence*
réitigh: d'ullmhaigh, *prepared*
a mheasc: *mixed*
gan trácht: *not to mention*
murach: *only for*
láithreoir: *presenter*
maireann: *lasts, lives*
a dhá oiread: *twice that*
comhlacht: *company*
amhrasach: *doubtful*
boic mhóra: *big boys / bosses*
dul amú orthu: *mistake*
lasc-chlár: *switchboard*
dar gcionn: *following*
ina dhiaidh sin: *after that*

Athbhliain: *new year*
as amharc: *out of sight*
ag ceiliúradh: *celebrating*
groí: *vigorous, hearty*
Chinn siad: *they decided*
in ómós dó: *out of respect for him*
ar feadh: *for*
a choinnigh greim ar: *kept a hold on*
thar thréimhse: *over a period of time*
díolaíocht: *sales*
bailiúchán: *collection*
ar nós an diabhail: *like hot cakes, like mad (like the devil)*
go fóill: *still*
ré: *era*
tallann: bua, *talent*
bun agus barr: *beginning and end*
dá leanfaidís: *if they continued*
staicín áiféise: *laughing stock*
ag maslú: *insulting*
bhásaigh: *died*
cosúil leis: *like*
uaigh: *grave*
ríoga: *majestic*
go deo: *forever*

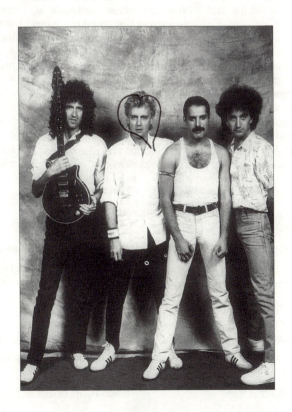

6

Léamhthuiscint

Léigh an sliocht seo thíos agus ansin freagair na ceisteanna ar lch. 67.

Na Bláthanna sa Bháisteach ...

Ní hé gach lá a bhíonn seans agat agallamh a chur ar realtóg rac trí Ghaeilge! Ach sin é go díreach a rinne ár n-eagarthóir groí le déanaí...

OK! Déanfaidh mé an fhírinne libh ón tús! Tá mise i ngrá leis na **Hothouse Flowers**! Sin agaibh é! Tá sé ráite agam – glan amach! Níl grúpa ar bith eile ar dhroim an domhain seo a mbeireann a gcuid ceoil greim orm mar a bheireann ceol an ghrúpa sárcheolmhar seo.

Nuair a chuir na Bláthanna a gcéad singil *Love Don't Work This Way* amach i 1987 bhí tuairim mhaith agam go n-éireodh leo. Nuair a chuala mé an dara ceann *Don't Go* bhí mé cinnte de! Ó shin i leith tá súil ghéar coinnithe agam ar an gcúigear ceolmhar seo agus is breá liom an chaoi a bhfuil cúrsaí ag tiontú amach dóibh. Go háirithe ó d'eisigh siad *Songs From The Rain* – an tríú halbam uathu agus an ceann is fearr go dtí seo gan aon agó.

Bhí sé de phribhléid agam a bheith i láthair nuair a chas an grúpa roinnt de na hamhráin ó **Songs From The Rain** go poiblí den chéad uair. Bhí an *Riverside Centre* i mBaile Átha Cliath lán go béal le hiriseoirí agus le daoine ó shaol na gceirníní – daoine ar deacair iad a shásamh de ghnáth. Ach amach leis na Bláthanna ar an stáitse agus faoi cheann leathnóiméid, bhí gach a raibh i láthair gafa acu! Chuir Liam faoi dhraíocht iad le hamhráin iontacha mar *This is It (your soul)*, *An Emotional Time* agus ar ndóigh *Stand Beside Me*. An chéad lá eile bhí an scéal á scaipeadh ar fud na tíre: 'Seo é an ceann mór!!'

Fuair mé seans labhairt le Liam sula ndeachaigh sé suas ar an stáitse. Anseo thíos cuid den chomhrá a bhí againn...

Ruaidhrí: A Liam! Míle comhghairdeas faoin albam ar an gcéad dul síos. Tá sé thar cionn. Tá sé agam le seachtain nó mar sin agus táim ag éisteacht leis ó shin. Tá tú féin sásta leis ar ndóigh?

Liam: Ó, an-sásta. An-sásta!

Ruaidhrí: Cén fhad a thóg sé oraibh an t-album a thaifeadadh?

Liam: Timpeall deich seachtaine. Níor thóg sé rófhada. Bhí an chuid is mó de na hamhráin críochnaithe, so bhí saghas tuairim mhaith agam conas mar a raghadh sé, agus cathain a chríochnódh sé. Bhí **Stuart Levine** mar léiritheoir air agus ...

Ruaidhrí: Is ea. Cén cineál tionchair a bhí ag Stuart ar an bhfuaim nó ar athraigh sé mórán? Nó an é go díreach gur chas sé na cnaipí daoibh? An mbíonn tuairim mhaith agatsa den rud atá uait sula dtéann tú isteach sa stiúideo?

Liam: Sin é. Tháinig Stuart mar saghas réiteoir ar shlí. Sin mar a bhíonn. Scaoileann sé linne agus má bhíonn bearna, nó má bhíonn fadhb ar bith ann, bíonn sé siúd mar saghas ...

Ruaidhrí: Cineál idirghabhálaí ag an nóiméad deireanach ...

Liam: Is ea. Bíonn saghas *overview* aige.

Ruaidhrí: Deir sé ar chlúdach an albaim 'All songs written by the Hothouse Flowers.' Cén chaoi a scríobhann sibh na hamhráin? An dtosaíonn duine amháin le smaoineamh agus an dtagann duine éigin eile isteach leis? Nó an suíonn sibh síos le chéile chun rud éigin a dhéanamh?

Liam: Tarlaíonn sé in an-chuid slite. Slí amháin ná go mbíonn ... b'fhéidir go mbeadh tuairim agam féin nó ag Fiachna agus thiocfadh an chuid eile isteach air. Ní bheadh ann b'fhéidir ach *riff* nó píosa ceoil agus chuirfeadh an chuid eile againn leis agus thosóimis ag seinnt. Nó an chuid den am déantar an cumadh ... déantar le chéile é nuair a bhímid ag déanamh *sound checks*. Tosóimid ag seinnt le chéile agus beimid ar fad *relaxed* go maith. Agus, is éard a tharlaíonn ansin ná go dtosaím ag canadh agus tagann saghas síol d'amhrán nó théama. Uaireanta bíonn an t-amhrán nach mór críochnaithe ag an nóiméad sin. Ach tosnaíonn an-chuid des na hamhráin mar sin.

Mahogany Gaspipe, Aibreán / Bealtaine 1993

... GLUAIS

ar dhroim an domhain: *on the face of the earth*

a mbeireann a gcuid ceoil greim orm: *whose music grabs me*

ceolmhar: *musical*

ag tiontú amach: *turning out*

gan aon agó: gan dabht

go poiblí: *publicly*

faoi dhraíocht: *under a spell*

thar cionn: an-mhaith ar fad

a thaifeadadh: *to record*

láiritheoir: *producer*

tionchar: *influence*

bearna: *gap*

idirghabhálaí: *go-between*

an-chuid slite: *many ways*

síol: *seed*

nach mór: beagnach

Ceisteanna le déanamh i do chóipleabhar

1   Cad a tharla i 1987?
2   Cén t-ainm a bhí ar an dara singil a chuir siad amach?
3   Cé mhéad albam a rinne siad roimh 'Songs from the Rain'?
4   Cár casadh na hamhráin ó 'Songs from the Rain' go poiblí den chéad uair?
5   Cé a bhí i láthair ann?
6   Ar thaitin an t-albam leo?
7   Cén fhad ar thóg sé orthu an t-albam a thaifeadadh?
8   Cén jab a rinne Stuart Levine?
9   Cé a scríobh na hamhráin uilig?
10 Cad a cheapann an t-údar faoi na 'bláthanna' seo?

7 Saghsanna ceoil

Tá a lán saghsanna ceoil ann. Ní rac amháin a bhíonn daoine ag seinm nó ag éisteacht leis nó ag scríobh faoi.

Féach ar na stíleanna ceoil atá tugtha san fhoclóir thíos. Abair an maith leat, an fuath leat nó an cuma leat faoi gach ceann acu.

rap-cheol
na goirmeacha
popcheol
ceol ailtéarnach
ceol damhsa / rince

popcheol

ceol clasaiceach

ceol traidisiúnta

rac-cheol

Féach uimh. 8 agus 9 sa leabhar saothair

Obair bheirte / ghrúpa

Déanaigí amach ceistneoir in bhur gcóipleabhar cosúil leis an gceann samplach thíos. Déan cóipeanna de agus tabhair é do dheichniúr as do rang, as bliain eile nó ó fhoireann na múinteoirí le líonadh isteach.

Ceistneoir samplach

Ainm: _____

Aois: _____

Is	**Ní maith liom**	
☐	☐	rac-cheol
☐	☐	ceol traidisiúnta
☐	☐	ceol clasaiceach

Bím	**Ní bhím ag éisteacht le**	
☐	☐	2FM
☐	☐	Raidió na Life
☐	☐	ceirníní

Bím	**Ní bhím**	
☐	☐	ag seinm uirlis cheoil
☐	☐	ag damhsa go minic
☐	☐	ag canadh amhrán

Is é _____ mo rogha amhránaí

Is í _____ mo rogha amhránaí

Is iad _____ mo rogha grúpa

Cúinne na Gramadaí!

Seo an tslí a gceistíonn tú duine:

An maith leat rac-cheol?
An mbíonn tú ag éisteacht le 2FM?
An mbíonn tú ag damhsa go minic?
Cé hé do rogha amhránaí?
Cé hiad do rogha grúpa?

Anois cad iad na freagraí a fuair sibh?

Cuirigí cóip den cheistneoir seo sa leabhar gearrthán agus scríobh amach an t-eolas a fuair sibh mar seo:

Chuireamar ceist ar dheichniúr. Bhí siad idir _____ agus _____ bliain d'aois. Is maith le _____ rac-cheol, ní maith le _____ é. Bíonn _____ ag éisteacht le 2FM, srl. Bíonn _____ ag seinm uirlis cheoil; ní bhíonn _____. Is é _____ an rogha amhranaí ag _____

Nóta

duine, beirt, triúr, ceathrar – féach siar ar leathanach 17.

Is mise James Galway.
Taitníonn ceol clasaiceach **liom.**

Is é seo Snoop Doggy Dog.
Taitníonn ceol rap **leis.**

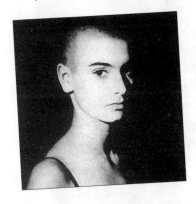

Is í seo Sinéad O'Connor.
Taitníonn rac-cheol **léi.**

Is iadsan na múinteoirí.
Ní thaitníonn aon rud **leo.**

Agus tusa, cén saghas ceoil a thaitníonn leat? Féach ar na daoine seo, b'fhéidir go dtabharfaidh siadsan cabhair duit.

Taitníonn rac-cheol go mór le Dave Fanning ach ní thaitníonn ceol tíre agus an iarthair leis. Is diosc-mharcach ar 2FM é.

Taitníonn ceol tíre agus an iarthair agus rac-cheol go mór le Garth Brooks. Seinneann sé an giotár agus díolann sé na milliúin ceirníní.

Cúinne na Gramadaí!

Taitníonn ceol le daoine

mé / mise	Taitníonn ceol rámhaillí **liom**
tú / tusa	Taitníonn ceol rince **leat**
sé / eisean	Taitníonn popcheol **leis**
sí / ise	Taitníonn rac-cheol **léi**
sinn / sinne	Taitníonn ceol nua-aimseartha **linn**
sibh / sibhse	Taitníonn snagcheol **libh**
siad / iadsan	Taitníonn na goirmeacha **leo**

Léigh cad tá le rá ag Alex agus ag Gráinne.

Alex

Is maith liom gach saghas ceoil, ach is é rac-cheol mo rogha féin. Taitníonn na seanghrúpaí ó na seachtóidí go mór liom, mar shampla Status Quo. Ní thaitníonn ceol tíre agus an iarthair ró-mhór liom ach is féidir liom éisteacht le Garth Brooks agus k.d. Laing nuair a bhíonn siad ar an raidió. Chuaigh mé go dtí ceolchoirm Garth Brooks sa Point Depot i mBaile Átha Cliath. Bhí an seó go hiontach agus bhí na soilse thar barr ach b'fhearr liomsa éisteacht le U2 lá ar bith.

Gráinne

Ní maith liom rac-cheol in aon chor agus is fuath liom ceol tíre agus an iarthair. Is breá liom ceol clasaiceach. Taitníonn Rachmaninov agus Shostakovich go mór liom. Téim go dtí an Ceoláras Náisiúnta gach uair a mbím i mBaile Átha Cliath. Seinnim an pianó agus tá ceol á dhéanamh agam ar scoil. Canaim i gcór na scoile ach ní thaitníonn opera ró-mhór liom.

Rachmaninov

Léamhthuiscint

Léigh an sliocht seo faoi bheirt cheoltóir cháiliúla agus bain triail as na ceisteanna ar lch. 73 ansin.

Craic Chlaisaiceach

Tá ceol clasaiceach ag éirí thar a bheith faiseanta na laethanta seo. Má théann tú go teach aon *Yuppie* ar fiú a *filofax* é, beidh a sheilf lán de CDanna clasaiceacha – **The Essential Pavarotti**, nó Ceithre Shéasúr **Vivaldi** á seinm ag **Nigel Kennedy,** nó slám mór de shonáidí séimhe **Beethoven.**

Anois, ní mar sin a bhí an scéal i gcónaí – bhuel, le cúpla céad bliain ar aon chaoi. Cúig bliana déag ó shin, cé go raibh go leor daoine ann ar thaitin an sórt seo ceoil leo, ní bheadh seans ar bith ag albam clasaiceach áit a fháil sna popchairteacha. Ach le blianta beaga anuas, tá an domhan is a chluas tite i ngrá le leithéidí **Luciano Pavarotti, Placido Domingo** agus ar ndóigh, **Nigel Kennedy** – nó 'Nige' mar a thugann a chairde air.

Leanúnaí Sacair!

Tá daoine ann, áfach, a cheapann nach as fidil Uí Cheinnéide a éiríonn an ghrian ar chor ar bith. Ní maith le go leor éisteoirí clasaiceacha an craic a bhíonn ar siúl ag an Sasanach óg seo ar mó an dealramh atá aige le leanúnaí sacair ná le ceoltóir sárthallannach a chuireann draíocht ar na milliúin daoine ar fud na cruinne lena mhéara míorúilteacha.

Ar ndóigh, is cuma le Kennedy. Má theastaíonn uaidh stíl Punk a chaitheamh ina chuid gruaige agus a chuid éadaí ar fad a cheannach i siopa Oxfam, déanfaidh sé é, agus bíodh an diabhal ag na saoithíní!

Billéardaí

Ach fuair fear bás díreach dhá chéad bliain ó shin a thuigfeadh fealsúnacht Kennedy go maith. Ba dhuine é **Wolfgang Amadeus Mozart** ar thaitin spraoi agus spórt go mór leis. Creid nó ná creid, fear mór billéardaí ab ea é, agus chaitheadh sé uaireanta fada ag imirt le hÉireannach darbh ainm **Michael Kelly**, fear a ghlac príomhról i gceoldráma dá chuid, **Bainis Figaro!**

An t-aon difríocht amháin atá idir Kennedy agus Mozart ná go dtéann Nigel thart agus cuma ghiobalach air féin dá rogha féin - ní raibh an dara rogha ag Mozart bocht. Cé gur thuill sé go leor airgid le linn a shaoil, níor éirigh leis é a choinneáil rófhada. Cearrbhach críochnaithe ab ea é agus chaill sé na pinginí chomh luath agus a thuill sé iad.

Mahogany Gaspipe Samhain/Nollaig 1991

faiseanta: *fashionable*
slám mór: *a lán*
sonáidí: *sonatas*
popchairteacha: *pop charts*
leithéidí: *the likes of*
is mó an dealramh atá aige:
   he is more like
leanúnaí: *supporter*
sárthallannach: *very talented*

méara míorúilteacha: *miraculous fingers*
saoithíní: *know-alls*
fealsúnacht: *philosophy*
billéardaí: *billards*
ceoldráma: *opera*
dá rogha féin: *of his own choice*
thuill sé: *he earned*
cearrbhach: *gambler*

Freagair na ceisteanna seo i do chóipleabhar.

1. Ainmnigh dhá dhlúthdhiosca clasaiceach a bhíonn ar sheilfeanna na *Yuppies.*
2. Ainmnigh beirt cheoltóir nó amhránaí chlasaiceacha a chuaigh isteach sna popchairteacha le déanaí.
3. Cén saghas ceoltóra é Nigel Kennedy?
4. Cén saghas duine é ón eolas atá san alt seo?
5. Cén saghas duine arbh é Mozart?
6. Cén fáth a mbíodh sé giobalach?
7. Cén cluiche a thaitin go mór le Mozart?
8. Ní thaitníonn Nigel Kennedy le roinnt daoine – cé hiad?
9. Cé a scríobh 'Bainis Figaro'?
10. Cén bhaint a bhí ag Michael Kelly le Mozart?

12   Fáthanna a dtaitníonn ceol leat

Cén fáth gur maith leat saghas amháin ceoil agus nach maith leat saghas áirithe eile? An féidir leat cur síos a dhéanamh ar na rudaí a thaitníonn nó nach dtaitníonn leat faoi na saghsanna ceoil seo?

Rac	ceol clasaiceach
rámhaillí	ceol traidisiúnta

Is féidir leat na haidiachtaí seo a úsáid.

	very …	too…
ceolmhar: *musical*	an-cheolmhar	rócheolmhar
foirfe: *perfect*	an-fhoirfe	rófhoirfe
tapaidh: *fast*	an-tapaidh	róthapa
mall: *slow*	an-mhall	rómhall
séimh: *gentle*	an-séimh	róshéimh
torannach: *noisy*	an-torannach	róthorannach
leadránach: *boring*	an-leadránach	róleadránach
suimiúil: *interesting*	an-suimiúil	
taitneamhach: *pleasing / pleasant*	an-taitneamhach	
éifeachtach: *effective*	an-éifeachtach	

Cúinne na Gramadaí!

Ní féidir leis na litreacha   l, n, r
(smaoinigh ar an ainm Eleanor!)
séimhiú (h) a thógáil.

Ní féidir leis na litreacha   d, n, t, l, s
(smaoinigh ar do chuid fiacla!)
séimhiú (h) a thógáil tar éis 'an'.
Samplaí: an-deas   an-leadránach
           an-séimh

Mar shampla:
Is breá liom ceol traidisiúnta mar tá sé an-cheolmhar, tapaidh agus rithimiúil. Is fuath liom ceol rámhaillí mar tá sé róthapa agus níl sé séimh in aon chor.

Cuir ceist ar do chara cén fáth a dtaitníonn saghas ceoil nó grúpa leis nó léi. Scríobh síos na freagraí i do chóipleabhar. Cén éifeacht a bhíonn ag ceol ortsa?

Cuireann sé   …fonn rince orm   …gliondar ar mo chroí
               …deaghiúmar orm   …mo mhothúcháin in iúl
               …déistin orm

… GLUAIS

fonn: *desire*   gliondar: *delight*
déistin: *disgust*   mothúcháin: *emotions*
deaghiúmar: *good humour*   in iúl: *expresses*

Obair scríofa don leabhar gearrthán

An féidir leatsa cur síos a dhéanamh ar shaghas amháin ceoil a thaitníonn leat agus ar shaghas amháin ceoil nach dtaitníonn leat?

Bí cinnte go luann tú na pointí seo:

- an saghas ceoil
- sampla de ghrúpa nó de réalta amháin a sheinneann é
- cá gcloiseann tú / cár chuala tú an ceol seo
- cén sort daoine a dtaitníonn an ceol seo leo
- cur síos ar an gceol féin (féach ar an liosta aidiachtaí arís)
- cad a deir nó a cheapann daoine eile faoin saghas ceoil seo
  (Mar shampla: daoine fásta, do chairde)

Féach uimh. 13 sa leabhar saothair

14   Tuairimí faoi cheol

Léigh na litreacha seo a fuair eagarthóirí mórthimpeall na tíre, agus ansin freagair na ceisteanna orthu i do leabhar saothair (uimh. 14).

A Eagarthóir, a chara

Bíonn mo thuismitheoirí i gcónaí ag tabhairt amach dom faoin saghas ceoil a thaitníonn liomsa. Is é an ceol is fearr ar domhan é — ceol tí nó ceol rámhaillí. Deir siad nach bhfuil aon lirící ann agus go mbíonn na daoine fiáin ag na rincí.

Níl cliú dá laghad acu faoi! Ní raibh ceol rámhaillí ann nuair a bhí siadsan óg. Ní raibh siad riamh ag aon rince tí — an raibh siad riamh óg?

Is breá liom a bheith ag rince agus is breá liom ceol rámhaillí. Bíonn rithim iontach sa cheol agus cuireann sé gliondar ar mo chroí.

Tagaim abhaile báite le hallas — tá sé níos fearr ná aeróibicí!

Abair le mo thuismitheoirí nach bhfuil aon dochar ann. Tá siad ag rá nach dtabharfaidh siad cead dom dul go dtí an rince mór an deireadh seachtaine seo chugainn.

Is mise, an damhsóir gan stad,
Jodi Breathnach.

Mahogany Gaspipe, Earrach 1991

A Eagarthóir, a chara

Níl meas ag daoine óga ar cheol ceart na laethanta seo. Feicim 'grúpaí ceoil' agus iad ag béicíl agus ag screadaíl agus ag pramsáil agus ag pocléimneach ar an teilifís. Ceapann déagóirí go bhfuil sé sin ceart! Níl ann ach drochshampla dóibh agus tá cúrsaí raidió níos measa fós.

Tá cláracha ar nós 'Stars on Sunday' agus 'The Pure Drop' i bhfad níos fearr. Féachaim féin, mo bhean chéile agus mo pháistí orthu gach Domhnach agus is breá linn iad. Buíochas le Dia, níl aon suim ag mo pháistí féin i gceol na n-ainmhithe mar a bhíonn ar siúl acu ar 98 FM, ar 2FM nó ar Raidió na Life, 102 Beo.

Múchaim an raidió gach uair a chloisim na liricí gránna, an ceol fiáin, torannach sin. Ach cad a tharlóidh nuair a rachaidh mo pháistí ar scoil? Cloisim go dtaitníonn 'ceol' nua-aimseartha le roinnt de na múinteoirí freisin!

Is mise le mórmheas
'An-bhuartha'
Léim an Bhradáin

---

46 Sefton,
Ascaill Bhaile de Róiste,
Dún Laoghaire

A Eagarthóir, a chara,

Tá mise bréan de bheith ag éisteacht le gach duine ag moladh daoine mar Michael Hutchence nó Bono. Cheapfá gur as a gcúl a éiríonn an ghrian! Ach, níl nóta ceoil acu! Is liúdramáin iad, iad ag mímeáil agus ag cur allais isteach sa mhicreafón ag ceolchoirmeacha! Beethoven! Dvorak! Sin ceoltóirí duit anois! Níor chuala tú riamh aon rud chomh maith le 'Pomp And Circumstance' ó Elgar!

Is mise
S. Davis

Mahogany Gaspipe, Earrach 1991

---

169 Port Mearnóg,
Co. Bhaile Átha Cliath

A Eagarthóir, a chara,

Léigh mé an litir ó Sandra Kinsella i Mahogany Gaspipe agus níor aontaigh mé léi. Ní maith liom Daniel O'Donnell. Tá sé an-leadránach, agus níl a chuid amhrán suimiúil ar chor ar bith! Bheadh mise sásta dá rachadh Daniel go Meiriceá agus gan filleadh choíche!

Is mise
Aoife Ní Ghliasáin

Mahogany Gaspipe, Earrach 1991

. . . GLUAIS

Eagarthóir: *Editor*
ag tabhairt amach do: *giving out to*
fiáin: *wild*
cliú dá laghad: *not a clue*
báite le hallas: *drowned in sweat*
dochar: *harm*
ag pramsáil: *prancing*
ag pocléimneach: *leaping*
cláracha: *programmes*
múchaim: *I turn off*

gránna: *ugly*
nua-aimseartha: *modern*
roinnt: *some*
buartha: *worried*
ag moladh: *praising*
bréan de: *fed up*
liúdramáin: amadáin
aontaigh le: *to agree with*
filleadh: *return*
choíche: go deo, *ever*

Tasc scríofa

An bhfuil a fhios agaibh cén pictiúr a théann le gach focal thíos? Scríobh na focail seo i do chóipleabhar agus tarraing an pictiúr ceart in aice leo nó scríobh míniú an fhocail leo.

Ceirnín   seinnteoir
Fadcheirnín   téipthaifeadán
singil   albam
dlúthdhiosca   raidió cluaise
téip / caiséad   dearbhán

15   Comórtais cheoil

Féach ar na fógraí thíos agus freagair na ceisteanna i do chóipleabhar.

A

Raidió na Life 102 Beo

Duais duitse!

Tá duais iontach le buachan ag éisteoirí **Raidió na Life.**

Sea! Dearbhán gur fiú £30.00 é do shiopaí ceoil **HMV**

Is féidir an dearbhán a úsáid chun:

DLÚTHDHIOSCAÍ,
TÉIPEANNA
nó FÍSTÉIPEANNA

a cheannach.

CEIST: Cén stáisiún a sheinneann an ceol is fearr?

FREAGRA: ar chárta poist chuig:

**Raidió na Life 102
7 Cearnóg Mhuirfean, BÁC 2
Roimh: 2 Feabhra.**

1   Céard atá le buachan?
2   Cén freagra atá ceart?   (a) dar leis an stáisiún seo?   (b) dar leatsa?

B

Buaigh na Blues!!

Is ea a chairde ceolmhara, tá comórtas iontach eile againn daoibh san eagrán seo de Mahogany Gaspipe!! A bhuíochas ar Virgin Records, comhlacht ceirníní Gary Moore, tá CÚIG CHÓIP dá albam nua After Hours againn le bronnadh oraibh. Ní gá ach freagra na ceiste seo a sheoladh chuig:

Comórtas Gary Moore
Mahogany Gaspipe
Bord na Gaeilge
7 Cearnóg Mhuirfean
Baile Átha Cliath 2

Ceist: Cár rugadh Gary Moore?

Mahogany Gaspipe, Samhradh 1992

1 Cén bhaint atá ag Gary Moore le Virgin Records?
2 Conas gur féidir cur isteach ar an gcomórtas seo?

. . . GLUAIS

baint le: *connection*
cur isteach ar: *to take part in, enter*

C

Bailiúchán iomlán d'albaim Daniel le buachan

Más mian leatsa gach albam a rinne Daniel O'Donnell
ó thús aimsire a bheith agat scríobh isteach láithreach go dtí:

Cumann Tacaíochta Daniel O'Donnell,
An Clochán Liath,
Co. Dhún na nGall.

Piocfar 5 bhuaiteoir amach as an hata ar an 31 Márta.

1 Céard atá le déanamh chun an duais seo a bhuachan?
2 Cé tá ag cur na duaise seo ar fáil?

78

Léigh an litir seo le do chara agus freagair na ceisteanna fúithi le chéile.

Leitir Ceanainn
Co. Dhún na nGall

A Eagarthóir, a chara,

Tá mise bréan de na daoine a bhíonn ag rá go bhfuil ceirníní 'marbh'! Cheannaigh mise seinnteoir ceirníní an-mhaith cúpla bliain ó shin, agus thug mé airgead mór air.

Ach anois tá mo chairde ag rá liom nach mbeidh mé in ann ceirníní a cheannach i gceann deich mbliana mar go bhfuil na comhlachtaí ceoil ag éirí as ceirníní a dhéanamh ar fad!

Níl sé seo féaráilte ar chor ar bith!

Mena Nic Giolla Bhríde

Mahogany Gaspipe, Earach 1992

Ceisteanna

1   An bhfuil an ceart ag an gcailín seo?
2   Cén córas atá agaibhse sa bhaile?
3   An fearr leatsa ceirníní, téipeanna nó dlúthdhioscaí? Cén fáth?

B'fhéidir go mbeidh na frásaí seo cabhrach:

Is fearr liom _____ mar tá siad níos saoire / daoire ná _____ .

mar tá caighdeán níos airde / níos ísle ó…

mar tá fuaim níos fearr / níos measa ó…

Ní / Is féidir   _____ a iompar timpeall
_____ a ardú
_____ a ísliú
_____ a cheannach a thuilleadh
_____ a bhriseadh

Féach uimh. 17 sa leabhar saothair

An bhfuil tú in ann uirlis cheoil a sheinm?
Cén uirlis í féin?

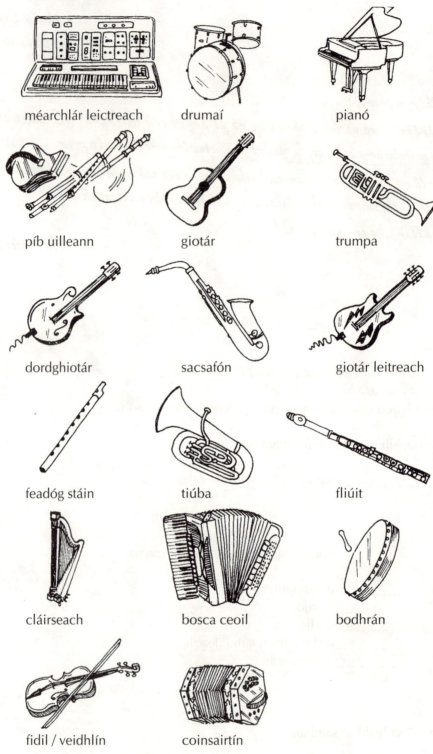

méarchlár leictreach   drumaí   pianó

píb uilleann   giotár   trumpa

dordghiotár   sacsafón   giotár leitreach

feadóg stáin   tiúba   fliúit

cláirseach   bosca ceoil   bodhrán

fidil / veidhlín   coinsairtín

Féach uimh. 19 sa leabhar saothair

Léamhthuiscint

Léigh an sliocht seo thíos agus ansin freagair na ceisteanna ar lch 82.

Banna na Bliana

Ba í Niamh féin a léigh faoin gcomórtas ar dtús. Rinneadh tagairt dó i gcolún ceoil *Anois*.

'An bhfuil grúpa agatsa? Ar mhaith leat luach £2,000 de threalamh stáitse a bhuachan, mar aon le singil a chur amach ar lipéad mór? Bhuel, níl le déanamh agat ach cur isteach ar chomórtas *Banna na Bliana* atá á rith ag muintir *Hot Press* i gcomhpháirt le lucht gnó na cathrach.'

Thug an t-alt sonraí an chomórtais a raibh Craobh Chúige Laighean de le heagrú i gceann dhá mhí i lár na cathrach. Bheadh grúpaí óga ó gach uile chearn den tír ag cur isteach air le súil is go gcuirfeadh sé iad ar an mbóthar a bhí gafa ag leithéidí U2 agus na Hothouse Flowers. Bhí foirm iarratais san eagrán reatha de *Hot Press*. Nuair a thaispeáin sí do Cholm é, ba bheag nár tháinig taom croí air.

'Seo é é!' ar seisean, a shúile ag bolgadh amach as a cheann agus é ag léamh faoi na duaiseanna. 'Seo an seans a rabhamar ag fanacht leis! A Níní, mo ghraidhin go deo thú!'

Níor fhan sé lena thuilleadh a rá, ach siúl amach an doras é go beo. Níor fhill sé go raibh an meán oíche ann. Bhí Niamh sa pharlús ag féachaint ar scannán nuair a phléasc sé isteach an doras de ruathar caithréimeach.

'A Níní!' ar seisean, ag múchadh na teilifíse.

'Haigh! Las sin arís nó…'

Níor thug sé aird ar bith uirthi.

'A Níní, tá dea-scéal agam duit.'

Bhí sí ar mire. Léim sí as an gcathaoir chun an scannán a chur ar siúl arís, ach sheas sé sa bhealach uirthi.

'Céard déarfá le teacht isteach sa ghrúpa?'

Leath a béal uirthi.

'Mise? Ach ní chasfainnse súgán!'

'Na! Níor stop sé sin riamh thú! Cloisim ag grágaíl san fholcadán thú gach re lá!'

Nach mór an spórt thú!' ar sise go searbhasach, agus í ag iarraidh a dhéanamh amach ar a aghaidh cé acu a bhí sé ag spochadh aisti, nó ag tabhairt cuireadh di dáiríre.

'Bhuel?' ar seisean, ag féachaint ar a uaireadóir. 'Tá fiche soicind agat! Abair sea nó ní hea. Ní bhfaighidh tú an seans seo arís!'

'Sea nó ní hea!' ar sise agus amach an doras léi chun an citeal a chur síos.

Tháinig sé amach ina diaidh.

'Tá an t-am istigh! Anois tá fiche soicind eile agat! Bheadh sé craiceáilte uait an deis seo a ligean tharat.'

Chuir sí spúnóg chaife isteach i muga.

'Cén fáth a bhfuil mise uaibh? Shíl mé go raibh an triúr agaibh chun saol an cheoil a iompú bunoscionn taobh istigh de choicís. Céard a tharla?'

'Ceathrar.'

'Céard é féin?'

'Tá ceathrar againn ann anois. Tá mise ag cur níos mó béime ar an ngiotár na laethanta seo, agus tá amhránaí nua faighte againn. Cian is ainm dó. Tá sé iontach. Meascán de Bhono, Phrince, agus Bhruce Springsteen in aon ghlór álainn amháin.'

'Bhuel, má tá sé chomh maith sin, tuige a bhfuil gá liomsa?'

D'fhéach sé uirthi agus saghas cotaidh air.

'Mar chúlamhránaí.'

Las a súile.

'Imigh! Fág an áit! Má cheapann sibh go bhfuil mise chun dul suas ar stáitse ar bith chun bheith ag crónán sa chúinne don bhoc seo, tá dul amú oraibh. Má tá mise le bheith sa ghrúpa, caithfidh mé bheith i mo bhall iomlán. Tá neart racamhrán is féidir le cailíní a chasadh. Tig le Cian Springsteen nó pé ar bith cén t-ainm atá air bheith mar chúlamhránaí agamsa freisin ó am go chéile.'

Bhí Colm ag stánadh uirthi agus dhá mhullán súl air le hionadh.

'Um… bhuel, bheadh orm é seo a phlé leis na baill eile.'

D'fhéach sí air go fíochmhar.

'Togha fir! Tabhair leat an teachtaireacht sin ar ais go dtí Alí Bábá agus a chairde. Feicfidh mé amárach thú. Tá an scannán millte agat orm. Tá mise ag dul a luí. Oíche mhaith… a chomrádaí!'

Sliocht as *Aililiú Bop Siúáidí*
(Ruaidhrí Ó Báille)

Ceisteanna le déanamh de bhéal nó sa chóipleabhar.

1 Cé a léigh faoin gcomórtas ar dtús?
2 Cá raibh an fógra foilsithe?
3 Cad iad na duaiseanna a bhí le buachan?
4 Cé a bhí ag reáchtáil an chomórtais?
5 Cá mbeadh Craobh Laighean ar siúl?
6 Céard a cheap Colm faoin gcomórtas?
7 Cad a rinne Niamh (Níní) nuair a d'imigh Colm amach?
8 Cén fáth a raibh Níní ar buile nuair a shiúil Colm isteach sa seomra suí?
9 Cén áit a gcloiseann Colm Niamh ag canadh?
10 Cé mhéad duine atá sa ghrúpa?
11 Cén jab atá ag Colm sa ghrúpa?
12 Cén jab a d'ofráil Colm do Niamh?
13 An raibh Niamh sásta leis sin?
14 Cé hiad 'Alí Bábá agus a chairde', meas tú?
15 Ainmnigh beirt amhránaí cháiliúla a luaitear le Cian.

Féach uimh. 21 agus 22 sa leabhar saothair

An raibh a fhios agat go bhfuil ceol traidisiúnta ag baint le gach tír agus gach cultúr sa domhan? Níl a fhios againn cén uair a thosaigh daoine ag seinm ceoil in Éirinn ná céard iad na céad uirlisí ceoil a bhí acu. Sa lá atá inniu ann seinneann daoine ceol traidisiúnta ar uirlis ar bith – ar chuala tú Steve Cooney ón Astráil ag seinm ar an ngiotár le Séamas Ó Beaglaoich ó Chiarraí ar an mbosca ceoil? Ní uirlis Ghaelach é an giotár mar tháinig sé ón Meánmhuir ach an raibh a fhios agat gur tháinig an bosca ceoil ón gceantar céanna? Tháinig an fhidil chun cinn mar uirlis cheoil damhsa sa 7ú céad. Níl ann ach veidhlín dáiríre – is é an fonn agus an stíl a chasann tú a dhéanann an difríocht. Tháinig an phíb uilleann go hÉirinn am éigin roimh an 16ú céad, ach is dócha go raibh píopa in Éirinn i bhfad roimhe sin mar tá a fhios againn go raibh píopa ag na laochra Ceilteacha agus iad ag troid in aghaidh Julius Casear.

Bhí an chláirseach ann roimh aon cheann acu sin; bhí cláirsigh acu san Éigipt fadó. Inniu is í an chláirseach suaitheantas Rialtas na hÉireann agus go minic seasann sí d'Éirinn chomh maith. Is é Ó Cearalláin, cláirseoir caoch agus cumadóir ceoil ón 18ú aois an seinnteoir cláirsigh is cáiliúla a bhí againn. Agus céard faoin mbodhrán? Níl ansin ach craiceann gabhair óig agus adhmad ach tugann sé rithim iontach don seisiún. Tá drumaí cosúil leis le fáil sa Ghréig agus san Afraic, agus níl na daoine bodhar ansin ach an oiread! Deir daoine go bhfuil amhránaíocht na hInde an-chosúil le hamhránaíocht ar an sean-nós. Sa chéad aonad eile b'fhéidir go bhfaighidh tú amach cén fáth.

Idir an dá linn déan iarracht éisteacht le ceol traidisiúnta – cad iad na huirlisí a chloiseann tú ar an traic? Cén saghas foinn atá ar siúl acu – ríl, jig, cornphíopa nó válsa, masúrca, polca?

Cé hiad na grúpaí agus na ceolteoirí traidisiúnta a n-éistíonn tú leo nó ar chuala tú fúthu? An bhfuil ceoltóirí cáiliúla ina gcónaí in aice leat? Bíonn stíl faoi leith ceoil ag baint le gach ceantar in Éirinn – cén stíl a bhaineann le do cheantarsa?

Is féidir leat breis eolais a fháil ó
- Comhaltas Ceoltóirí Éireann, An Chultúrlann, 32 Cearnóg Belgrave, Baile na Manach, Co. Bhaile Átha Cliath.
- Roinn Bhéaloideas Éireann, Coláiste na hOllscoile, Baile Átha Cliath.
- An Chartlann Cheoil, 16 Cearnóg Mhuirfean, Baile Átha Cliath 2 nó sna leabhair seo:

Folk Music and Dances of Ireland
  (Breandán Breathnach)
Music in Ireland (Aloys Fleischmann)
The Usborne Story of Music (Usborne)

nó trí éisteacht le ceoltóirí maithe,
mar shampla:
The Chieftains, Altan, De Danann,
Clannad

. . . GLUAIS

Meánmhuir: *the Mediterranean*	cáiliúil: *famous*
ceantar céanna: *same place*	craiceann gabhair: *goat's skin*
chun cinn: *to prominence*	bodhar: *deaf*
laochra: *warriors*	ach an oiread: *either*
caoch: *blind*	sean-nós: *old style*

23　An imríonn tú aon spórt?

Obair bheirte
Cuir na ceisteanna a, b agus c ar do chara.

(a)　**Cén spórt a imríonn tú?**
　　　Imrím – Ní imrím

peil Ghaelach (caid)　　　sacar　　　haca

camógaíocht　　　iománaíocht　　　leadóg

leadóg bhoird　　　cispheil　　　eitpheil

líonpheil　　　snúcar　　　cluichí ríomhairí

rugbaí　　　scuais　　　badmantan　　　liathróid láimhe

(b)　**Cá n-imríonn tú an cluiche sin? (I gclub? Ar scoil?)**

(c)　**Cé leis a n-imríonn tú é? (Le do chairde? Le foireann na scoile?)**

Anois tabhair tuairisc mar seo thíos faoi / fúithi don rang.

Mar shampla:

Seo Gearóid. Imríonn sé sacar agus peil. Ní imríonn sé aon rud eile. Imríonn sé le club sacair agus ar fhoireann na scoile. Imríonn sé ar pháirc na scoile, ar pháirc na comhairle contae agus lena chairde ar an mbóthar

nó

Seo í Sinéad. Imríonn sí gach saghas spóirt, go háirithe leadóg bhoird. Imríonn sí ar fhoireann na scoile. Imríonn sí i halla na scoile agus sa chlub óige.

Féach uimh. 24 agus 25 sa leabhar saothair

26

Féach ar na daoine seo thíos. Léigh an cur síos a thugann siad orthu féin agus ansin freagair na ceisteanna sa leabhar saothair (uimh. 26).

Is mise Sorcha Ní Dhuibhir. Tá mé trí bliana déag d'aois. Táim ag freastal ar Phobalscoil Bhaile an Easpaig anseo i gCorcaigh. Is breá liom gach aon saghas spóirt. Imrím a lán cluichí foirne, mar shampla táim ar fhoireann na scoile anseo don chispheil agus don sacar. Tá páirceanna breátha ag an scoil mar is scoil nua go leor í. Tá cúirt álainn chispheile againn sa halla agus ceann eile taobh amuigh sa chlós. Tá cúpla páirc peile agus sacair againn freisin. Uaireanta imrímid sacar taobh istigh sa halla, nuair a bhíonn an aimsir fliuch – sa gheimhreadh, abair.

• Pádraig Ó Domhnaill anseo. Ní imrím spórt ar bith faoi láthair. Bhí mé ar fhoireann iománaíochta na scoile ach bhris mé mo chos i dtimpiste bóthair agus nílim in ann rith in aon chor. Mar sin ní imrím dada ach cluichí ríomhaire i láthair na huaire.

• Caitríona Ní Chualáin is ainm dom. Imrím a lán spóirt liom féin agus le daoine eile ach is fearr liom cluichí foirne. Táim ar fhoireann haca na scoile agus imrím cispheil sa chlub óige. Níl aon fhoireann againn sa chlub, ag pleidhcíocht a bhímid oíche Dé hAoine dáiríre, ach is breá liom é. Tá páirc bhreá chrua againn do na cluichí haca agus níor chailleamar ach cluiche amháin go fóill i mbliana.

Cuinne na Gramadaí!

Spórt	ag imirt spóirt	halla spóirt
sacar	ag imirt sacair	foireann sacair
snúcar	ag imirt snúcair	cluiche snúcair
peil	ag imirt peile	bróga peile
cispheil	ag imirt cispheile	liathróid cispheile
leadóg	ag imirt leadóige	raicéad leadóige
iománaíocht	ag imirt iománaíochta	páirc iománaíochta

Mise John. Imrím peil. Bím ag imirt peile ar fhoireann na scoile gach seachtain.

Mise Máire. Imrím cispheil. Bím ag imirt cispheile sa chlub óige gach Aoine.

Mise Emer. Imrím snúcar. Bím ag imirt snúcair le m'athair go minic.

Mise Seán. Imrím sacar. Bím ag imirt sacair gach lá tar éis na scoile.

Cén fáth a bhfuil líne faoi chúpla litir ansin thuas? An bhfuil baint ag riail ghramadaí leis? Cuir ceist ar do mhúinteoir.

Imrím / bím ag imirt spóirt   go minic *nó*
go rialta *nó*
gach lá *nó*
gach seachtain *nó*
uair sa choicís

Ag labhairt faoi rudaí atá ag tarlú faoi láthair

Tá an cailín seo ag imirt cispheile.

Tá Roy Keane ag imirt sacair le
Manchester United.

Tá Niall Quinn ag imirt do Manchester City ach **imríonn sé** ar fhoireann na
hÉireann nuair a bhíonn cluichí idirnáisiúnta ar siúl.

Obair don leabhar gearrthán
Déan amach clár ama na seachtaine den am saor a bhíonn agat tar éis na scoile.
Ansin scríobh tuairisc faoi.

Féach uimh. 28-32 sa leabhar saothair

Nuair a bhíonn tú ag imirt cluiche cad a bhíonn ag teastáil uait?

Obair bheirte

Féach ar na pictiúir thíos. Bíonn na rudaí seo ag teastáil uait nuair a bhíonn tú ag dul ag imirt cluiche. Bain usáid as an liosta de na saghsanna difriúla spóirt a bhí agat ar leathanach 84, agus cuir ceist ar do chara faoi cad a bhíonn ag teastáil uaidh / uaithi nuair a bhíonn sé / sí ag dul ag imirt cluiche.

Mar shampla:
- Bíonn tusa ag imirt leadóig bhoird. Cad a bhíonn ag teastáil **uait?**
- Bíonn liathróid agus bata **uaim.**

clogad   camán   reathairí

líon / eangach   slacán   raicéad   sliotar

Féach ar lch. 36 chun na focail a bhaineann le héadaí spóirt a fheiceáil arís.

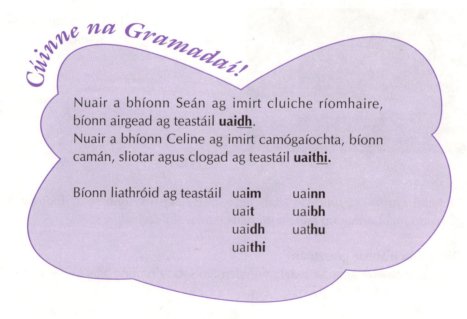

Cúinne na Gramadaí!

Nuair a bhíonn Seán ag imirt cluiche ríomhaire, bíonn airgead ag teastáil **uaidh**.
Nuair a bhíonn Celine ag imirt camógaíochta, bíonn camán, sliotar agus clogad ag teastáil **uaithi.**

Bíonn liathróid ag teastáil   ua**im**   ua**inn**
                                 uait   uai**bh**
                                   ua**idh**   ua**thu**
                                   ua**ithi**

Féach uimh. 34 agus 35 sa leabhar saothair

Fuair sé cúl

Chuir sé an liathróid thar an trasnán

Bhuail sé go láidir í

Chuaigh sí thar an líne / ar foraoil

Chuir an réiteoir pionós air

Shleamhnaigh sí

Tasc scríofa

An raibh tusa riamh ag imirt i gcluiche tábhachtach? Cluiche ceannais an léig nó sa chraobh mar shampla?

Déan cur síos ar an gcluiche sin ag baint úsáid as na nathanna thuas.

Ná déan dearmad ar:

Bhí mé
Bhíomar
Bhí siad

Féach uimh. 37-40 sa leabhar saothair

41

Léamhthuiscint

Léigh an sliocht seo faoi Niall Quinn agus ansin bain triail as an gcleachtadh sa leabhar saothair (uimh. 41).

Niall Quinn – Dub Dainséarach!!!

An cuimhin libh an cúl a scóráil **Niall Quinn** i gcoinne Shasana mí an Mhárta seo caite? Bhí Éire cúl chun deiridh nuair a chuir Paul McGrath an liathróid trasna na páirce agus isteach i mbosca na Sasanach. Chonaic Quinn a sheans. Shleamhnaigh sé go deas ciúin idir **Tony Adams** agus **Mark Wright**: fuair sé an liathróid agus chuir sé isteach sa líon é thar lámha **David Seaman!**

Ceithre lá ina dhiaidh sin, bhí Manchester City ag imirt i gcoinne Crystal Palace i bPáirc Selhurst. Bhuaigh Quinn an cluiche do City nuair a scóráil sé trí chúl áille!

Scil

Choinnigh an dá eachtra sin stádas Niall Quinn mar cheann de na tosaithe is dainséaraí san Eoraip faoi láthair. Tá sé deacair ar chosainteoirí dul in iomaíocht leis. Tá sé ard amplach agus lán de scil, agus tá croí mór díograiseach ag bualadh sa bhrollach breá Bleá Cliathach sin.

Ach ná creid uaimse é, éist le focail **Frank Rijkaard** ón Ollainn agus é ag caint tar éis d'Éirinn críochnú 1-1 lena fhoireann i gCorn an Domhain i 1990: 'Ba í an oíche ba dheacra a bhí agam le blianta!' a dúirt sé. 'Bhí fadhbanna agam leis an oíche ar fad!'

Na Gunnadóirí

Ba i 1984, tar éis dó a Ardteist a dhéanamh i Scoil na mBráithre, Caisleán Dhroimeanaigh (scoil **Kevin Moran**!) a bhog Niall go Sasana le sacar a imirt go lánaimseartha. Dhá bhliain níos déanaí, d'imir sé a chéad chluiche ar son Arsenal i gcoinne Liverpool. Bhuaigh na **Gunnadóirí** an cluiche 0-1, agus scóráil Niall cúl den scoth! Chaith sé an chuid is mó den chéad séasur eile sa chéad fhoireann, é ag scóráil ocht n-uaire as cúig chluiche is tríocha.

Ag deireadh an tséasúir sin, áfach, cheannaigh Arsenal Alan Smith ó Leicester City agus ar feadh trí bliana ba bheag an méid cluichí a d'imir Niall ar a son. Le linn an ama sin, ba é a áit i bpainéal **Jack**

Charlton a choinnigh ag gluaiseacht é. Lean sé air ag obair ar a laigí agus ag cur snasa ar a bhunscileanna. Bhí sé ag forbairt mar imreoir – agus mar dhuine. Chonaic **Howard Kendall** an dul chun cinn a bhí á dhéanamh aige, agus chaith sé £700,000 ar é a mhealladh go dtí Manchester City i Feabhra 1990.

Muinín

Chuir an t-athrú seo an-mhuinín ann, agus scóráil Niall ceithre chúl i rith aon chluiche dhéag. Ar ndóigh, bhí **Jack Mór** breá sásta leis an dea-fhoirm seo.

Ní raibh Niall ach ar an bpainéal ar an mbealach chun na hIodáile ach ball tábhachtach den fhoireann a bhí ann ar an mbealach abhaile! Tá a ainm anois i measc na n-ainmneacha is luaithe a liostálann Charlton ar an bhfoireann.

Laoch Peile!

Ach ní laoch sacair amháin é! Sular bhog sé go Sasana, d'imir Niall do Bhaile Átha Cliath (mionúir) i gcoinne na Gaillimhe i gCraobh na hÉireann san iománaíocht. Chaill na Dubanna ar an lá, ach bhí cluiche iontach ag Niall. Chomh maith leis seo, bhí Niall ar an bhfoireann pheile a thug cuairt ar an Astráil. Bhí foireann amháin (*Sydney Swans*) chomh tógtha sin leis gur thug siad cuireadh dó imirt go proifisiúnta san Astráil!

Nach orainne atá an t-ádh nár ghlac sé leis an gcuireadh sin!

Mahogany Gaspipe, Samhain / Nollaig 1991

. . . GLUAIS

Dainséarach: *dangerous*

eachtra: *event*

stádas: *status / position*

in iomaíocht: *in competition, tackle*

amplach: santach, *greedy*

díograiseach: *hard working*

brollach: *chest*

fadhbanna: *problems*

den scoth: thar cionn, iontach

choinnigh: choimeád

laigí: *weaknesses*

ag cur snasa ar: *polishing*

dul chun cinn: *progress*

a mhealladh: *coax*

an-mhuinín: *confidence*

laoch: *hero*

sular: *before*

cuireadh: *invitation*

42

Léamhthuiscint

Léigh an sliocht seo agus ansin bain triail as an gcleachtadh sa leabhar saothair (uimh. 42).

Súil ar Spórt

le Rónán Ó Conaill

Beirt Bhan Mhisniúla!

Go dtí le déanaí, ní raibh mórán cáile ar mhná na tíre seo mar lúthchleasaithe den scoth. Shroich **Mary Purcell** caighdeán cuibheasach ard sna seachtóidí agus rinne **Carey May** an rud céanna sna hochtóidí. Ach anois tá beirt bhan tagtha chun cinn atá ábalta dul san iomaíocht ar an leibhéal is airde, agus níos tábhachtaí fós, ábalta buachan ag an leibhéal sin. Sin iad **Caitríona McKiernan** agus **Sonia O'Sullivan.**

Is as an gCabhán do Chaitríona, agus is ann a dhéanann sí a cuid traenála fós. Sa séasúr reatha seo, tá trí bhabhta den Grand Prix trasna tíre buaite aici agus tá sí anois go mór chun tosaigh sna pointí don chomórtas. Dá bharr seo, tá gach duine ag tnúth go mór lena hiarracht ar Chraobh an Domhain a bhuachan i mBostún i mí an Mhárta.

Corcaíoch is ea Sonia – í ard, grástúil, agus tapa! I 1991, bhuaigh sí bonn óir agus bonn airgid ag Cluichí Domhanda na Mac Léinn i Sheffield Shasana. Chomh maith leis seo, sháraigh sí curadhiarracht dhomhanda thar 5,000 méadar (taobh istigh) i mí Eanáir seo caite – an chéad bhean Éireannach riamh a rinne a leithéid.

Mahogany Gaspipe, Samhain / Nollaig 1991

. . . GLUAIS

misniúil: cróga, *brave*
cáil: *fame*
lúthchleasaí: *athlete*
caighdeán: *standard*
cuibheasach: *fairly*

reatha: *running*
ag tnúth: ag súil le, *looking forward to*
grástúil: *graceful*
sháraigh sí: *she beat*

Obair don leabhar gearrthán nó póstaer

Faigh nó déan pictiúr den réalta spóirt is fearr leatsa. Scríobh amach na staitisticí agus na sonraí is tábhachtaí a bhaineann leis / léi dar leatsa.

Féach uimh. 43 agus 44 sa leabhar saothair

An raibh a fhios agat?

Cad iad na spóirt thraidisiúnta a bhaineann le hÉirinn? An raibh a fhios agat gur chuir Mícheál Ó Ciosóig agus Muiris Ó Daimhín tús leis an gCumann Lúthchleas Gael in Ostán Hayes i nDurlas Éile, Contae Thiobraid Árann in 1884 mar bhí eagla orthu go ndéanfadh daoine dearmad ar na seanchluichí Gaelacha? D'éirigh go maith leo mar bíonn gach éinne ag iarraidh dul go Páirc an Chrócaigh – i mí Mheán Fómhair pé scéal é.

Fadó ní raibh mórán rialacha ag baint leis na cluichí traidisiúnta seo. B'fhéidir go mbeadh scór fear ar thaobh amháin agus tríocha ar an taobh eile. Go minic ní raibh aon teorainn leis an bpáirc agus d'imrídís thar na claíocha agus isteach san fharraige! Bhí siad fiáin fíochmhar agus scoilteadh a lán ceann! Bolgán ainmhí bhoicht a bhíodh sa pheil nó sa chaid fadó ach níor tháinig mórán athrú ar an sliotar ó shin. An bhfuil a fhios agat cad as a ndéantar sliotar agus camán?

Bíonn contaethe áirithe níos fearr ag spóirt faoi leith ná mar a bhíonn contaethe eíle – tá an rud céanna fíor faoi chlubanna taobh istigh d'aon chontae amháin. Cad é an club CLG atá in aice leatsa? Cad iad na dathanna a chaitheann siad? An bhfuil foireann mhaith acu do gach spórt Gaelach?

Do pheil na bhfear agus na mban? Iománaíocht? Camógaíocht? Liathróid láimhe? Ag gach leibhéal mionúir, sóisir, sinsir? An mbíonn aon lúthchleasaíocht ar siúl acu? Cad iad na comórtais a bhuaigh siad?

Is féidir leat breis eolais a fháil ó:
Cumann Lúthchleas Gaeil
Páirc an Chrócaigh
Baile Átha Cliath 3
nó ó do chlub áitiúil.

Aonad

An Teach

4

San aonad seo foghlaimeoidh tú conas:

- Cineálacha difriúla tithe a ainmniú
- suíomh rudaí a chur in iúl
- seomraí an tí agus na nithe atá le fáil iontu a ainmniú
- cur síos a dhéanamh ar do theach féin
- labhairt faoi obair an tí
- cur síos a dhéanamh ar ghairdíní
- labhairt faoin obair a dhéantar i ngairdín agus na huirlisí a úsáidtear a ainmniú
- labhairt faoi dheisiúcháin
- cur síos a dhéanamh ar eachtra san aimsir chaite

Gramadach!

An Tuiseal Ginideach
An Aimsir Láithreach
An Aimsir Chaite

Teach feirme   *Farm*

Teach cathrach   *Town house.*

Teach scoite   *Detatched house.*

Teach leathscoite   *Semi detatched house.*

Tá   teach Bungaló *scoite agam*
i Reynoldstown.

Teach dhá stór   *two story house*

Teach ósta   *Hotel.*

Teach solais   *light house.*

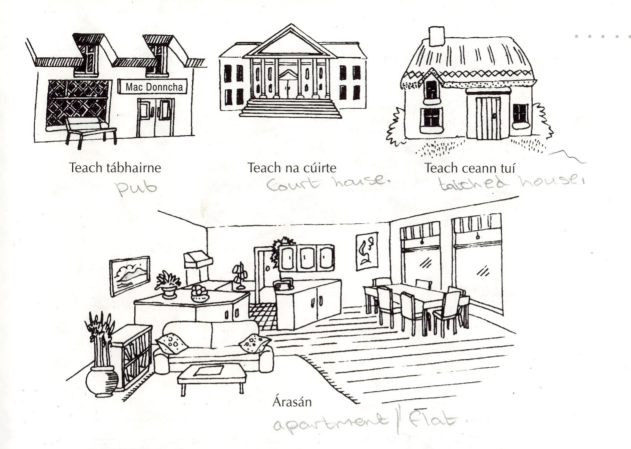

Teach tábhairne
pub

Teach na cúirte
Court house.

Teach ceann tuí
thatched house

Árasán
apartment / flat.

2 Suíomh an tí

Léigh an dá shliocht seo a leanas agus ansin bain triail as an gcleachtadh sa leabhar saothair (uimh. 2).

Seo í Deirdre Nic Uistin. Is feirmeoirí iad a muintir. Tá Deirdre ina cónaí i dteach dhá stór in aice le Mainistir na Croiche i gContae Thiobraid Árann. Tá an teach suite ar thaobh an bhóthair. Tá sé míle amháin ó Mhainistir na Croiche agus timpeall cúig mhíle ó Dhurlas, an baile mór is cóngaraí dó.

Seo é Dáithí Ó Nualláin. Tá Dáithí ina chónaí i dteach leathscoite i bhFionnghlas i dtuaisceart Bhaile Átha Cliath. Is teach dhá stór é agus tá sé suite ar eastát tithíochta, timpeall dhá mhíle ó shráidbhaile Fhionnghlaise agus cúig mhíle go leith ó lár na cathrach.

Tasc scríofa

Anois scríobh thusa cuntas gairid ar shuíomh do thí féin. Bain úsáid as cuid de na focail / frásaí seo a leanas:

> Tá mé i mo chónaí…
> Tá mo theach suite…
> Is teach leathscoite / scoite / bungaló é.
> Tá sé ____ míle ó ____

3 Leagan amach an tí

Foghlaim na focail seo thíos agus ansin bain triail as an gcleachtadh sa leabhar saothair (uimh. 3).

1   An seomra suí *sitting room*
2   An seomra bia *dinning room*
3   An chistin *kitchen*
4   An halla *hall*
5   An staighre *stairs*
6   An seomra folctha *Bath-room*
7   An leithreas *toilet-room*
8, 9 Na seomraí codlata
      Bedroom.

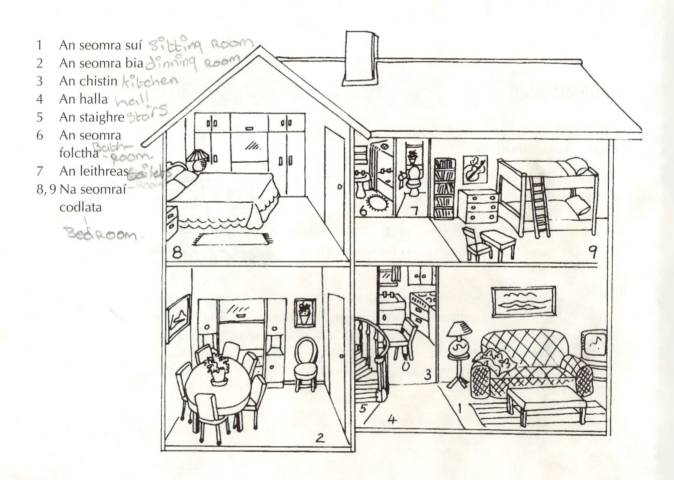

Cúinne na Gramadaí!

Teach
Uimhir Uatha
Tuiseal Ainmneach:
Tá **an teach** sin go deas
Tuiseal Ginideach:
Tá gairdín deas ar chúl **an tí**

Uimhir Iolra
Tuiseal Ainmneach:
Tá **na tithe** sin go deas
Tuiseal Ginideach:
Tá gairdíní deasa ar
chúl **na dtithe**

Féach uimh. 4 sa leabhar saothair

5 Taobh amuigh den teach

= out side of the house.

Féach ar an bpictiúr thíos. Anois scríobh cuntas ar na nithe ar fad atá le feiceáil
sa phictiúr ag úsáid na bhfrásaí atá tugtha duit.

ar chúl an tí *behind the house.*
le hais an tí *beside the house*
os comhair an tí *front of the house*
ag binn an tí *gable end of the house.*
doras an tí *door of the house.*
bean an tí *Lady of the house.*
fear an tí *man of the house.*

Léigh an dán seo thíos agus ansin bain triail as an gcleachtadh sa leabhar saothair (uimh. 6).

An Tigh Nua
Seán Mac Fheorais

Nuair bhíomar óg, mé féin is mo chéile
'S ag tuirsiú suas an bóthar sléibhe,
Ár gclann óg mheidhreach ag éirí líonmhar,
Bhí an tigh beag cúng gan dóthain slí ann.

Líonas an stoca de scilleacha spártha
Gur thógas an tigh seo, seomrach, spásach,
Ach tá sé folamh, och tá 'gus uaigneach
Mar d'fhás ár gclann is d'imigh ar fuaidreamh.

. . . GLUAIS

Tigh: teach
ag tuirsiú: ag siúl go mall
líonmhar: flúirseach, *plentiful*
gan dóthain slí ann: gan bheith mór go leor
scilleacha spártha: scillingí beaga; mionairgead, *spare change*
d'imigh ar fuaidreamh: ar strae

7   Obair sa chistin

Seo í Nóra agus a deartháir Micheál agus Séamas agus a dheirfiúr Deirdre. Éist leo ag caint faoi obair a thaitníonn / nach dtaitníonn leo agus bain triail as uimh. 7 sa leabhar saothair ag an am céanna.

Séamas agus Deirdre

Nóra agus Micheál

Féach uimh. 8 sa leabhar saothair

9   Troscán an tí

furnature

An seomra suí

1 Tolg *sofa*
2 Cathaoir uilleann *armor chair*
3 Lampa *lamp*
4 Tine / tinteán *fire*
5 Matal
6 Bord beag
7 Teilifíseán *Television*
8 Pictiúr
9 Seinnteoir ceirníní *Record Player*
10 Planda

An chistin

1 Cuisneoir
2 Bord
3 Doirteal
4 Bruthaire leictreach / gáis
5 Meaisín níocháin
6 Bosca bruscair
7 Folúsghlantóir
8 Scuab
9 Clog
10 Tóstaer
11 Oigheann micreathonnach
12 Raidió

An seomra leapa

1. Leaba
2. Lampa
3. Vardrús
4. Scáthán
5. Leabhragán
6. Cófra
7. Cóifrín leapa

An seomra folctha

1. Folcadán
2. Cithfholcadán
3. Leithreas
4. Téitheoir
5. Cuirtíní

Féach uimh. 10 sa leabhar saothair

11 Obair an tí

Mar is eol do gach éinne bíonn an-chuid oibre le déanamh sa teach.

– scuabadh agus glanadh an tí *sweeping and cleaning the house*
– folúsghlanadh *Hoovering*
– cóiriú na leapacha *making the beds*
– glanadh na bhfuinneog *cleaning the windows*
– an deannach a ghlanadh den troscán *dusting the furniture*
– glanadh suas tar éis béilí *cleaning up after the meals*

Seo mar a roinntear obair an tí i measc mhuintir Uí Néill ar an Satharn:

Maidir le Dáithí bocht, bíonn air glanadh suas i ndiaidh na mbéilí go léir, an suipéar san áireamh.

Regarding poor David he hasto clean the dishes after the meals.

Glanann Ciara na fuinneoga lastigh agus lasmuigh.

Ciara cleans the windows inside and outside.

Cóiríonn Aoife agus Órlaith na leapacha go léir.

aoife and orla make all the beds.

Folúsghlanann Daidí na brait urláir go léir leis an bhfolúsghlantóir.

Daddy hoovers all the carpets everywhere.

Glanann Mamaí an seomra folctha agus glanann sí an deannach den troscán go léir.

Mammy cleans the bathroom and dust the furniture.

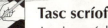

Tasc scríofa

Anois scríobh cuntas ar an obair a dhéantar i do theach féin ag an deireadh seachtaine.

HOMEWORK.

Féach uimh. 12 sa leabhar saothair

13 Dán eile duit!

Léigh an dán seo thíos agus freagair na ceisteanna a ghabhann leis.

Subh Milis
Séamas Ó Néill

Bhí subh milis
Ar bhoschrann an dorais,
Ach mhúch mé an corraí
Ionam a d'éirigh,
Mar smaoinigh mé ar an lá
A bheas an boschrann glan,
Agus an lámh bheag
Ar iarraidh.

. . . GLUAIS

Boschrann an dorais: *door-knocker*
Mhúch mé: choinnigh mé siar
corraí: fearg, *anger*
a bheas: a bheidh
ar iarraidh: imithe

Freagair na ceisteanna seo a leanas ar an dán i do chóipleabhar.

1   Cá raibh an subh milis?
2   Cé a chuir an subh milis ar bhoscrann an dorais, meas tú?
3   Cén mothú a bhí ag an bhfile nuair a chonaic sé gur subh milis a bhí ann?
4   Cén fáth ar mhúch sé an corraí sin, dar leat?
5   Cé leis 'an lámh bheag', dar leat?

An Doras

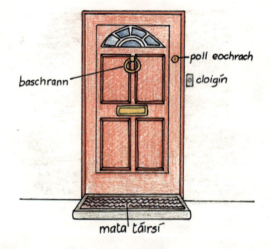

14　Ag tabhairt cuairte ar theach

Léigh an comhrá thíos agus éist leis ar an téip ag an am céanna.

Liam:	(*cnag, cnag, cnag*) Haló! An bhfuil éinne istigh?
Bean Uí Shé:	Cé atá ann?
Liam:	Is mise Liam de Faoite, cara le Séan. An bhfuil Seán istigh?
Bean Uí Shé:	Níl sé istigh faoi láthair. Tá sé imithe amach ag siúl.
Liam:	Cathain a bheidh sé ag filleadh abhaile?
Bean Uí Shé:	I gceann deich nóiméad nó mar sin. Ar mhaith leat teacht isteach agus fanacht leis anseo?
Liam:	Ba mhaith liom, cinnte. (*Osclaíonn sí an doras dó*)
Bean Uí Shé:	Téigh isteach sa seomra suite agus fan ansin. Beidh mé leat i gceann cúpla nóiméad.
Liam:	Ceart go leor, go raibh maith agat.

Obair bheirte

Anois, bunaigh comhrá ar an gceann thuas. Lig ort féin go bhfuil tú ag tabhairt cuairte ar do chara ach go bhfuil sé / sí as baile.

Is féidir leis an duine in aice leat ról na máthar nó an athar a thógáil.

An raibh a fhios agat?

Níl a fhios ag éinne cérbh í an chéad teanga a labhraíodh. Dáiríre ní dócha go raibh aon teanga amháin ann ar dtús. Ach fadó, fadó nuair a bhí níos lú daoine sa domhan, bhí níos lú teangacha ann.

Bhí grúpa mór daoine ina gcónaí sa cheantar idir an Eoraip agus an Ind agus nuair a thosaigh siad ag taisteal go dtí áiteanna eile, thóg siad a dteanga leo. Ind-Eorpáis a ghlaoimid uirthi agus tagann beagnach gach teanga a labhraítear san Ind agus san Eoraip uaithi. Ach an raibh a fhios agat nach bhfuil a fhios againn cén saghas teanga í féin!

Anois, féach ar an gcrann seo thíos. Gach uair a bhog na daoine de bharr easpa bia nó de bharr cogaidh agus de réir mar a bhí na blianta ag imeacht, tháinig athruithe ar na teangacha.

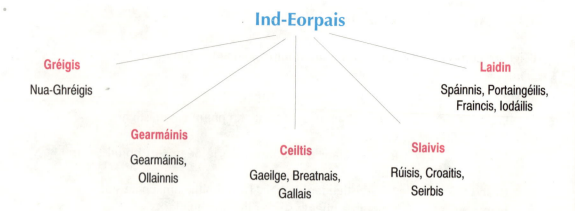

Ind-Eorpais

Gréigis
Nua-Ghréigis

Laidin
Spáinnis, Portaingéilis,
Fraincis, Iodáilis

Gearmáinis
Gearmáinis,
Ollainnis

Ceiltis
Gaeilge, Breatnais,
Gallais

Slaivis
Rúisis, Croaitis,
Seirbis

Níl ach dornán beag de theangacha san Eoraip nár tháinig ón Ind-Eorpais, ina measc an Bhascais (i dtuaisceart na Spáinne), an Ungáiris agus an Liotuáinis (sa Liotuáin).

Agus anois tá a fhios agat cén fáth a bhfuil an-chuid focal agus rialacha teanga (gramadach, más maith leat) cosúil lena chéile.

Bain triail as an abairt seo a rá i ngach teanga a mhúintear i do scoil:

'Tá gruaig rua ar mo mháthair!'

Cad iad na cosúlachtaí eile a thug tú faoi deara idir teangacha? Smaoinigh ar fhocail, ar ord na bhfocal agus ar úsáid na bhfocal.

. . . GLUAIS

dáiríre: *indeed*
ceantar: *region*
taisteal: *travelling*
de bharr: mar, toisc
easpa bia: *lack of food*
cogadh: *war*

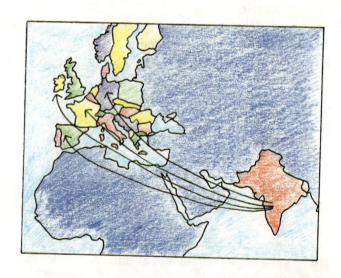

Is féidir leat breis eolais a fháil faoi theangacha seo sna leabhair seo:

Stair na Teanga (Folens)
Tobar na Gaeilge: Litríocht agus Teanga (Ciarán Ó Cúlacháin)
A View of the Irish Language (eag. Ó Cuív)
nó má fhéachann tú faoi ainm na teanga i gciclipéid ar bith.

Léigh an cuntas seo ar ghairdín tosaigh mhuintir Uí Néill agus ansin abair cé acu pictiúr (a), (b) nó (c) thíos an ceann ceart.

An gairdín tosaigh

Tá gairdín deas os comhair an tí ag muintir Uí Néill. Faiche mhín réidh atá ann. Tá balla tógtha timpeall air. Tugann muintir Uí Néill togha na haire don ghairdín tosaigh. Tá crann beithe ag fás i lár an ghairdín agus tá ceapach bláthanna i gcúinne an ghairdín. Tugann Mamaí aire mhaith do na bláthanna.

. . . GLUAIS

faiche mhín réidh: *a smooth, level lawn*
togha na haire: *great care*
crann beithe: *birch tree*
ceapach bláthanna: *flower-bed*

(a)

(b)

(c)

An cúlghairdín

Tá gairdín mór ar chúl an tí ag muintir Uí Néill. Thíos ag bun an ghairdín tá seid adhmaid. Coimeádann Daidí a chuid uirlisí garraíodóireachta go léir sa seid seo. Tá lomaire faiche ann, spád, deimheas, sábh, tua agus mórán uirlisí eile. Tá dréimire taca istigh ann chomh maith. Ina theannta sin tá mórchuid *bric-a-brac* de chuid na bpáistí ann. Tá sé chrann pailme ag fás ag bun an ghairdín. Tá suíochán mór iarainn le taobh an bhalla. Tá conchró Tóibí, an madra, lasmuigh den chúldoras.

seid adhmaid: *wooden shed*
uirlisí garraíodóireachta: *gardening implements*
lomaire faiche: *lawnmower*
spád: *spade*

deimheas: *clippers*
sábh: *saw*
tua: *axe*
dréimire taca: *step-ladder*
conchró: *kennel*

Anseo thíos tá pictiúr de ghairdín Uí Ghríofa. Anois scríobh síos na cosúlachtaí agus na difríochtaí a fheiceann tú idir an gairdín seo agus gairdín Uí Néill (thuas).

16   Ag obair sa ghairdín

Léigh an sliocht seo a leanas agus ansin freagair na ceisteanna sa leabhar saothair (uimh. 16).

Caitheann Daidí agus Ciara gach maidin Shathairn nach mór ag obair sa ghairdín. Beirt gharraíodóir den scoth iad um an dtaca seo! Is í Ciara a ghearrann an féar, tasc nach réitíonn léi ach déanann sí é ar aon chuma. Lomaire leictreach – *Flymo* – atá aici agus bíonn sí i gcónaí ag tathant ar a hathair ceann níos fearr a fháil. Gearrann sí an féar uair gach coicís. Deir a hathair léi dá ndéanfadh sí é uair sa tseachtain go mbeadh an obair i bhfad níos fusa. Bearrann Daidí na sceacha

agus na toim agus na crainn le deimheas bearrtha uair sa bhliain. Dé Sathairn seo caite thug siad cuairt ar an ionad garraíodóireachta agus cheannaigh Daidí roinnt plandaí agus roinnt bláthanna don ghairdín tosaigh. Bíonn an gairdín go hálainn sa samhradh nuair a bhíonn gach rud faoi bhláth ach sa gheimhreadh bíonn cuma ainnis ar an áit.

. . . GLUAIS

nach mór: *almost*

den scoth: *excellent*

um an dtaca seo: faoin am seo, *by now*

ní réitíonn sé léi: ní maith léi é

lomaire leictreach: *electric mower*

ag tathant: *urging*

na toim: *the shrubs*

sceacha: *hedges*

bearrann: *cuts*

deimheas bearrtha: *a pruning shears*

ionad garraíodóireachta: *garden centre*

faoi bhláth: *blooming*

cuma ainnis: *forlorn look*

Léigh an dán seo thíos agus ansin freagair na ceisteanna sa leabhar saothair (uimh. 17).

Cúl an tí

Seán Ó Ríordáin

Tá tír na n-óg ar chúl an tí,
Tír álainn trína chéile,
Lucht ceithre cos ag siúl na slí
Gan bróga orthu ná léine,
Gan Béarla acu ná Gaeilge

Ach fásann clóca ar gach droim
Sa tír seo trína chéile,
Is labhartar teanga ar chúl an tí
Nár thuig aon fhear ach Aesop
Is tá sé siúd sa chré anois.

Tá cearca ann is ál sicín,
Is lacha righin mhothaolach,
Is gadhar mór dubh mar namhaid sa tír
Ag drannadh le gach éinne,
Is cat ag crú na gréine.

Sa chúinne thiar tá banc dramhaíl
Is iontaisí an tsaoil ann,
Coinnleoir, búclaí, seanhata tuí,
Is trumpa balbh néata,
Is citeal bán mar ghé ann.

Is ann a thagann tincéirí
Go naofa, trína chéile,
Tá gaol acu le cúl an tí
Is bíd ag iarraidh déirce
Ar chúl gach tí in Éirinn.

Ba mhaith liom bheith ar chúl an tí
Sa doircheacht go déanach
Go bhfeicinn ann ar chuairt gealaí
An t-ollaimhín sin Aesop
Is é ina phúca léannta.

Lucht ceithre cos: ainmhithe

clóca: *coat*

Aesop: Fealsamh (*philosopher*) ón nGréig. Scríobh sé mórán fabhalscéalta
(*fables*) faoi ainmhithe. Deirtear ina thaobh go raibh sé in ann teanga na
n-ainmhithe is na n-éan a thuiscint.

gadhar: madra

sa chré: marbh

ál sicín: *a clutch of chickens*

righin mhothaolach: gan cor as, *not moving*

ag drannadh: *snarling*

banc dramhaíl: carn bruscair, *a pile of rubbish*

ag iarraidh déirce: *begging*

doircheacht: dorchadas, *darkness*

ollaimhín: fear beag léannta, *a small learned man*

18   Tithe ar díol

Arís léigh an sliocht agus freagair na ceisteanna sa leabhar saothair (uimh. 18).

Gach samhradh téann muintir Uí Néill go Ciarraí ar a laethanta saoire. Tá gaolta
leo thíos ansin. Lá amháin an samhradh seo caite nuair a bhí an tUasal Ó Néill
sa Daingean, thug sé cuairt ar ghníomhaire eastáit sa bhaile. Bhí mórchuid tithe
ar díol aige. Seo ceann ar chuir an tUasal Ó Néill an-spéis ann.

Teach ar díol

Teachín ar díol i gCé Bhréanainn,
dhá mhíle dhéag ón Daingean.

Tá an teach suite cois na farraige. Tá dhá sheomra codlata
ann, cistin agus seomra suí. Tá gairdín beag os comhair an
tí agus crann úll ag fás ar a chúl.

Praghas £15,000.

Gach eolas ón oifig seo.

Chuir an tUasal Ó Néill an-suim go deo san fhógra seo. An tráthnóna sin chuaigh sé féin agus an teaghlach go léir ag féachaint ar an teach. Bhí an teach go hálainn ceart go leor ach a lán deisiúchán de dhíth air. Bheadh air díon nua a chur ar an teach. Bheadh air fuinneoga nua a chur isteach ann. Ní raibh aon uisce reatha sa teach ná leithreas ná seomra folctha. Ní raibh aon solas leictreach ann ach oiread.

Mheas an tUasal Ó Néill go gcosnódh sé £25,000 eile air an teach a dheisiú. Ní raibh an t-airgead sin aige. Bhí díomá ar mhuintir Uí Néill ag dul abhaile dóibh an tráthnóna sin.

...GLUAIS

gníomhaire eastáit: *estate agent*
a lán deisiúchán: *a lot of repairs*
de dhíth: *needed*
díon: *roof*

uisce reatha: *running water*
go gcosnódh sé: *that it would cost*
díomá: *disappointment*

Féach uimh. 19 sa leabhar saothair

20   Deisiúcháin

Cheannaigh Mairéad Nic an tSaoir an teach anseo thíos. Scríobh cuntas ar na deisiúcháin a bhí le déanamh aici air.

Is féidir leat úsáid a bhaint as roinnt de na múnlaí seo a leanas i do chuntas:

B'éigean di...   Bhí uirthi ...
Chuir sí isteach...   Dheisigh sí...
Leag sí...   Thóg sí amach...
D'athraigh sí...

21   Teach trí thine

Léamhthuiscint

Léigh an sliocht seo leanas agus ansin freagair na ceisteanna sa leabhar saothair (uimh. 21).

Oíche uafásach ba ea an oíche aréir. Bhí sé ag stealladh báistí agus bhí stoirm ag séideadh. I lár na hoíche thosaigh an toirneach agus an tintreach. Lean sé ar aghaidh ar feadh tamaill fhada.

Timpeall a cúig a chlog ar maidin bhuail splanc tintrí teach Uí Mhéara, atá trí mhíle lasmuigh de Thrá Lí. Chuaigh an teach trí thine láithreach. Ar amharaí an tsaoil d'éirigh leis an teaghlach go léir éalú amach as an teach is níor gortaíodh éinne sa mhíthapa. Ach rinneadh an-damáiste don teach féin. Dódh an díon, na seomraí agus na troscáin go léir is ní raibh fágtha den teach ar maidin ach na ballaí. Caithfear teach nua a thógáil ar an láthair, sar i bhfad.

. . . GLUAIS

uafásach: *awful*
toirneach: *thunder*
tintreach: *lightning*
splanc tintrí: *a flash of lightning*
Ar ámharaí an tsaoil: *as luck would have it*
míthapa: *misadventure*
ar an láthair: *on the site*

Tasc scríofa

Scríobh scéal i do chóipleabhar ag tosú leis na habairtí seo a leanas:
'Dhúisigh mé go tobann. Bhí sé dubh dorcha i mo sheomra. Fuair mé boladh an deataigh. Thosaigh mé ag screadach...'

Aonad 5

Bia agus Deoch

San aonad seo foghlaimeoidh tú conas:

- dearcadh a chur in iúl agus a lorg faoi bhia/dheoch
- gréithe agus sceanra a ainmniú
- bia agus deoch a iarraidh, a thairiscint, a dhiúltú
- glasraí agus torthaí a ainmniú
- cineálacha feola agus éanlaithe a liostáil
- ocras agus tart a chur in iúl
- labhairt faoi bhricfeasta, lón agus dhinnéar
- paidreacha a rá ag béilí
- rudaí a chur in áirithe
- béilí agus deochanna a ordú
- deochanna a ainmniú
- gearán a dhéanamh faoi bhia/dheoch
- meáchain agus tomhais a chur in iúl
- uirlisí na cistine a ainmniú
- oidis a thuiscint
- labhairt faoi bhéilí a bhí agat

Gramadach!

An Forainm Réamhfhoclach **ar**
Foirmeacha Ceisteacha
An Modh Ordaitheach

1 Rogha a chur in iúl faoi bhia nó dheoch

Is	maith	
	aoibhinn	liom / léi / leis / linn _____ .
	breá	
	fearr	
	fuath	

Taitníonn _____ liom / léi / leis / linn / leo
Ní thaitníonn _____ liom / léi / leis / linn / leo
An dtaitníonn _____ leat / libh?

Tabhair faoi deara gur 'Taitníonn / Ní thaitníonn' an freagra a bhíonn ar an gceist 'An dtaitníonn…?', is cuma cé acu a bhfuil tú ag caint fút féin nó faoi dhuine eile.

2 Ciara agus a muintir ag labhairt faoi chúrsaí bia

Léigh an sliocht seo thíos agus éist leis ar an téip ag an am céanna. Ansin freagair na ceisteanna sa leabhar saothair (uimh. 2)

Is mise Ciara. Is maith liomsa i gcónaí labhairt faoi chúrsaí bia mar is sórt *gourmande* mé. Is maith liom cócaireacht agus is cócaire é m'athair. Is aoibhinn liom rudaí milse, gach saghas feola agus glasraí. Ní thógaim siúcra i mo chuid tae ach is maith liom i gcaife é. Ólaim sú oráiste nó bainne le mo dhinnéar agus anois is arís ólaim 7-Up, agus ní ithimid riamh rudaí as cannaí mar is maith le m'athair bia úr. Ólann mo thuismitheoirí fíon lena gcuid béilí anois is arís. Bhlais mé de uair nó dhó ach ní thaitníonn sé liom mar tá blas searbh air, ceapaim.

Féach uimh. 3-6 sa leabhar saothair

7 Ag leagan an bhoird

1 scian
2 forc
3 spunóg milseoige
4 spunóg anraith
5 taespunóg
6 pláta
7 babhla
8 cupán
9 gloine
10 sásar (fo-chupán)
11 naipcín
12 éadach boird

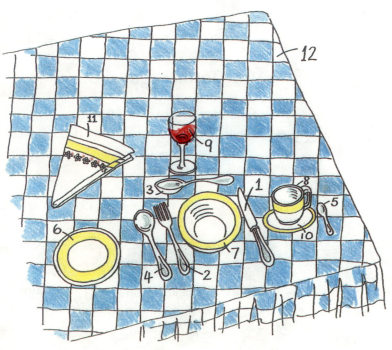

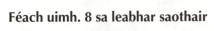

Féach uimh. 8 sa leabhar saothair

9 Ag an mbord

Ag iarraidh	Ag tairiscint	Ag diúltú
Im, más é do thoil é.	An íosfaidh tú...?	Ní íosfaidh, go raibh maith agat. Ní maith liom _____.
An gcuirfeá na glasraí chugam, le do thoil?	Ar mhaith leat...?	Níor mhaith liom, tá mo dhóthain agam, go raibh maith agat.
Tabhair dom an bainne, le do thoil.	An itheann tú...?	Ní ithim, go raibh maith agat.
Ar mhiste leat tuilleadh tae a thabhairt dom?	An dtógfaidh tú tuilleadh ...?	Ní thógfaidh, go raibh maith agat.
Ba mhaith liom ____ má tá sé ann.		

Tasc scríofa

1 Tá cuairteoir i do theach. Scríobh an comhrá idir tú féin agus í / é ag am bricfeasta faoina rogha bia agus dí.

2 Comhrá idir freastalaí agus custaiméir sa bhialann faoin rogha ón mbiachlár.

3 Bean an tí ag labhairt le triúr scoláirí ar a gcéad lá sa choláiste faoi bhia / dheoch is / nach maith leo.

4 Tá tú ar saoire i dteach d'aintín – scríobh an comhrá a bheadh eadraibh ar an gcéad lá faoin mbia / deoch a thaitníonn agus nach dtaitníonn leat.

10 Torthaí agus glasraí

Tá na torthaí agus na glasraí measctha: cuir na glasraí i liosta amháin agus na torthaí i liosta eile mar seo i do chóipleabhar:

Glasraí	Torthaí

Cuir ceist ar an múinteoir má tá ceann ar bith nach dtuigeann tú.

cabáiste sméara dubha tornaipí spionáiste oráistí cóilis

seadóg pónairí anann úlla brocailí spíonáin

114

liomóidí	piobar dearg	prátaí	finniúna glasa	miosarúin
meacan bán	bachlóga Bhruiséile		cairéidí	biabhóg
sú talún	finniúna dubha	sú craobh		

Féach uimh. 11 sa leabhar saothair

12   Sailéad san aer!

Tarraing pictiúir de na glasraí thíos i do chóipleabhar agus cuir an focal cuí ón mbabhla in aice le gach ceann.

cúcamair   oinniún   biolar

leitís   tráta

piobar glas

scailliúin

13   Na blastáin

salann   piobar   ola

fíneágar

vinegar

anlann trátaí

Tomatoketchup

maonáis

mayonaise

mustard

mustard

Tomhais cé mé féin nó cé muid féin.

We all put a flavour one ne food

1   Cuirimid ar fad blas ar bhia.
2   Cuirimse blas ar ubh bhruite.
3   Má théimse suas do shrón tosaíonn tú ag sraothartach.
4   Cuirtear mise agus mo chara ar sceallóga.
5   Tá dath bán ormsa agus itear mé le sailéad go minic.
6   Táimse an-te ar fad ach an-bhlasta ar cheapairí liamháis.
7   Meascann tú muidne le chéile chun anlann 'Francach' a dhéanamh don sailéad!
8   Táimse chomh dearg le fuil ach blasta mar sin féin!

Tomhais eile duit!

1   Tá sé abhus is tá sé thall.
     Tá sé ag Brian ar a chuid.
     Tá sé tríd an sáile liath.
     Is gan é níl blas ar ubh.
2   Siúd é sa chúinne agus dhá
     chéad cóta air. Céard é féin?
3   Siúd ar an tine é agus dhá chéad
     sáil air. Céard é féin?

Freagraí: 1: Salann
2: Meall cabáiste
3: Pota anraith

116

14   Feoil

Uainfheoil   Mairteoil   Muiceoil   Caoireoil

Cén fheoil a thugann an t-uan dúinn?
Cén fheoil a thugann an chaora dúinn?
Cén fheoil a thugann an mhuc dúinn?
Cén fheoil a thugann an bhó dúinn?

Céard é feoilséantóir, dar leat? Mura bhfuil tú cinnte féach ar an bhfocal **seantóir**
san fhoclóir.

bagún   ispíní   slisíní   gríscíní

stéig   burgair   putóg bhán   putóg dhubh

Scríobh amach céard a bheadh agat le haghaidh bricfeasta Gaelaigh. Cabhróidh
an pictiúr seo leat.

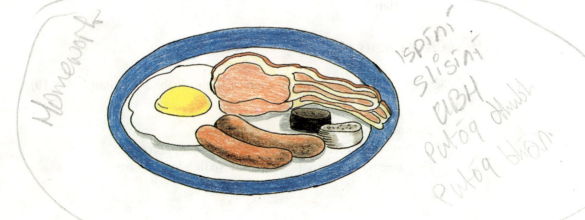

Féach uimh. 15 sa leabhar saothair

16   Éanlaith

Cearc

Gé

Lacha

Turcaí

Piasún

17   Modhanna cócaireachta

rósta

bruite / fiuchta

gríosctha

friochta

galbhruite

Féach uimh. 18 sa leabhar saothair

19   Ocras agus tart

Scríobh na habairtí cearta le gach pictiúr sa leabhar saothair (uimh.19).

Tá ocras orm
Tá ocras an domhain orm
Táim stiúgtha leis an ocras!

Tá tart orm
Tá tart an domhain orm
Táim spallta leis an tart!

Bíonn ocras nó tart **ort** sa Ghaeilge.

Uatha	Iolra
orm	orainn
ort	oraibh
air / uirthi	orthu

20 Béilí

Bricfeasta

1 Sú oráiste
2 tae
3 caife
4 tósta
5 arán
6 marmaláid
7 ubh bhruite
8 ubh scrofa
9 bricfeasta friochta
10 leite
11 arbhar

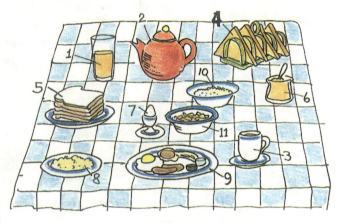

Dinnéar

Glasraí
feoil
prátaí
rís
sceallóga
Prátaí bruite, rósta, bácáilte
milseog

Tae

Friochadh, Sceallóga, Sailéad,
Pónairí agus tósta.

Lón

Ceapairí
rolla aráin líonta
anraith
sailéad
torthaí

Suipéar

Brioscaí, tae, caife, bainne.

Seo mar a labhraíonn tú faoi amanna éagsúla sa lá:
ar maidin
i lár an lae
tráthnóna

Obair bheirte

Cuir na ceisteanna seo ar an duine in aice leat.

1   An mbíonn dinnéar agatsa i lár an lae?
2   An mbíonn tae nó dinnéar agat tráthnóna?
3   Céard a bhíonn agat don bhricfeasta de ghnáth?
4   Céard a thógann tú don suipéar?

MENU in a SUMMER College.

21   An biachlár sa choláiste samhraidh

Léigh an biachlár agus freagair na ceisteanna a ghabhann leis.

Bricfeasta:
or Cornflakes.
Leite bruite nó calóga arbhair *Porraige*
Ubh bhruite nó ubh fhriochta *egg — Fried egg*
nó cáis. *cheese*
– Arán bán agus donn *White — Brown Bread*
Im, tae *butter — tea*
Subh nó marmaláid *Jam or Marmalade*

Dinnéar:
Anraith – éagsúil gach dara lá *Soup — different day*
Feoil bhruite nó rósta, sicín, *meat*
bagún, iasc – éagsúil i
rith na seachtaine
– Glasraí – fataí nó sceallóga fataí *vegetable*
agus glasra amháin eile ar
a laghad *at least one*
Milseog – gan é bheith mar *Desert*
an gcéanna gach lá *Different deser*
Tae, caiffe (mura mbíonn
anraith acu)

Tae: *Tea*
Tae, arán donn agus bán, *White, Brown*
im, subh *Fry*
Friochadh – bagún, ubh, sicín, *bacon egg*
ispíní nó sceallóga fataí agus
ispíní nó sailéad; ach gan é
seo a thabhairt níos mó ná
dhá uair in aon seachtain
Ní leor ceapairí le haghaidh tae *santwiches are not enough for tea.*

Suipéar:
Tae, bainne nó caife *Tea, Milk or coffee*
Arán agus subh *Bread and Jam.*
Brioscaí nó cáca *Biscuits or Cake.*

Ceisteanna

name the meals the students get every day

1   Ainmnigh na béilí a fhaigheann na scoláirí gach lá!
2   An bhfaigheann siad anraith agus tae nó caife don dinnéar gach lá? *NO*
3   An bhfaigheann siad ceapairí le haghaidh an tae?
4   An maith leatsa an biachlár seo? Cén fáth?

Féach uimh. 22 sa leabhar saothair

23

Léamhthuiscint

Oisrí

Tarraingíonn oisrí na Gaillimhe na sluaite ó chian is ó chóngar chuig Féile na nOisrí a bhíonn ar siúl i mí Mheán Fómhair gach bliain i nDroichead an Chláirín taobh amuigh de chathair na Gaillimhe. Is saineolaithe ar bhia mara iad go leor de na daoine a thagann, ach tagann an-chuid eile, freisin, chun breathnú ar an gcomórtas, chun oisrí a oscailt, chun spórt agus scléip a bhaint as an ócáid mhór bhliaintúil seo.

Ní ceart an t-oisre leathógach dúchasach a ithe ach amháin nuair a bhíonn 'R' in ainm Béarla na míosa. Níl le déanamh ach é a oscailt agus píosa líomóide agus beagán feamainne a chur leis an leaba d'oighear meilte. Tá arán donn baile go hálainn leis agus ní mór duit deoch bhreá leann dubh cúrach a chaitheamh siar ina dhiaidh.

Máirín Uí Chomáin, 1992: *Cuisine le Máirín*

... GLUAIS

Tarraingíonn: *attract*
oisrí: *oysters*
na sluaite: *a lán daoine*
ó chian is ó chongar: *from far and near*
saineolaithe: *experts*
bia mara: *sea food*

ócáid: *occasion*
leathógach: *flat*
dúchasach: *native*
líomóid: *lemon*
feamainn: *seaweed*
leac oighir meilte: *ground ice*
leann dubh cúrach: *frothy stout*

Ceisteanna

1   Cén fáth a dtagann a lán daoine go dtí Droichead an Chláirín gach bliain?
2   Cad a bhíonn na daoine a ghlacann páirt sa chomórtas ag déanamh?
3   Ainmnigh i nGaeilge na míonna nach ceart oisrí a ithe.
4   Ainmnigh trí rud atá go deas le hoisre agus tú á ithe.
    Déan fógra nó póstaer do 'Fhéile na nOisrí'.

24   Iasc

Léamhthuiscint

'Droichead na mBradán' a thugann Gaeilgeoirí na Gaillimhe ar an 'Salmon Weir Bridge' sa chathair ársa sin, a mbíodh scuaine bradán le feiceáil faoi agus iad réidh le tabhairt faoin gCoirib suas. Tógadh mise ar bhruach abhainn mhóir eile agus bradáin inti, Abhainn Chasla, a ritheann amach i gCuan Chasla i gConamara.

Ba iascairí saibhre a thagadh go Casla gach samhradh, agus is acusan amháin a bhíodh cead iascaireachta ar Abhainn Chasla, ach ar bhealach míorúilteach éigin bhíodh bradán ar an mbord againne go minic! Go ndéana Dia grásta ar m'athair! Bhí mé an-óg nuair a bhlais mé an t-iasc uasal seo ar dtús, agus gach uair a fheicim bradán nó breac geal fós cuireann siad m-óige i gcuimhne dom, idir 'uaisle', iascairí, maoir agus póitséirí.

Máirín Uí Chomáin, 1992: *Cuisine le Máirín.*

. . . GLUAIS

ársa: *ancient*
scuaine: *queue*
Coirib: *Corrib River*
Tógadh mise: *I was reared*
ar bhruach: *on the banks*
míorúilteach: *miraculous*
uaisle: *rich people*
maoir: *bailiffs*
póitséirí: *poachers*

Ceisteanna

1   Cá bhfuil Droichead na mBradán?
2   Ar rugadh an t-údar in aice le hAbhainn na Coirbe nó Abhainn Chasla?
3   Cé a chuir an bradán ar an mbord go minic nuair a bhí an t-údar óg?
4   Ainmnigh dhá iasc a d'ith an t-údar nuair a bhí sí óg.

25   Biachláracha

Biachlár
Céad chúrsa: *first course*
Príomhchúrsa: *main course*
Milseog: *dessert*

Féach ar na samplaí seo agus ansin déan do bhiachláracha féin.

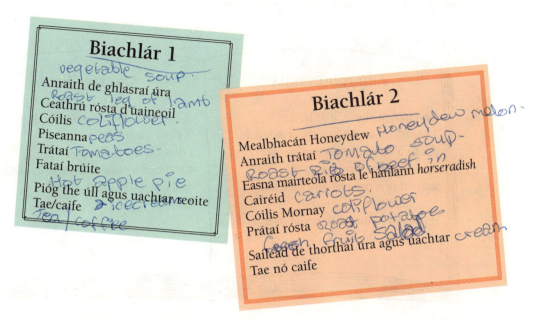

Biachlár 1

vegetable soup.
Anraith de ghlasraí úra
Roast leg of lamb
Ceathrú rósta d'uaineoil
Cóilis *cauliflower.*
Piseanna *peas*
Trátaí *Tomatoes.*
Fataí brúite
Hot apple pie
Píóg the úll agus uachtar reoite *+ icecream.*
Tae/caife *Tea / coffee*

Biachlár 2

Mealbhacán Honeydew *Honeydew melon.*
Anraith trátaí *Tomato soup.*
Roast Rib of beef in
Easna mairteola rósta le hanlann *horseradish*
Cairéid *carrots.*
Cóilis Mornay *cauliflower*
Prátaí rósta *Roast Potatoes*
Fresh fruit salad
Sailéad de thorthaí úra agus uachtar *cream*
Tae nó caife

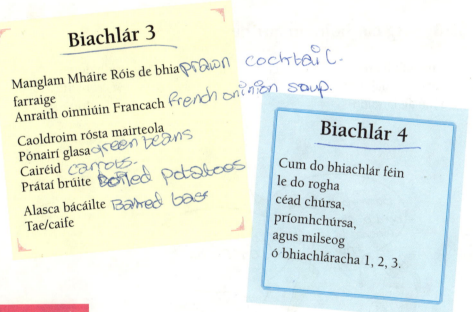

Biachlár 3

Manglam Mháire Róis de bhia *prawn cocktail.*
farraige
Anraith oinniúin Francach *french onion soup.*

Caoldroim rósta mairteola
Pónairí glasa *green beans*
Cairéid *carrots.*
Prátaí brúite *Boiled Potatoes*

Alasca bácáilte *Baked bass*
Tae/caife

Biachlár 4

Cum do bhiachlár féin
le do rogha
céad chúrsa,
príomhchúrsa,
agus milseog
ó bhiachláracha 1, 2, 3.

. . . GLUAIS

Ceathrú d'uaineoil: *leg of lamb*
búistithe: *stuffed*
brúite: *mashed*
Píóg úll: *apple pie*

Mealbhacán: *melon*
Easna: *rib*
Manglam: *cocktail*
Caoldroim: *sirloin*

Féach uimh. 26 sa leabhar saothair

Altú roimh bhia

Beannaigh sinne, a Thiarna,
beannaigh ár mbia agus ár ndeoch.
Ós tú a cheannaigh sinn go daor,
agus a shaor sin ón olc,
agus mar a thug tú an chuid seo
    dúinn,
go dtuga tú dúinn ár gcuid den
    ghlóir shíoraí.

Altú tar éis bia

Beirimid buíochas go hard duit,
A Dhia na glóire.
I dtaobh do thabhartas dúinn.
Go dtuga sé dúinn beatha na glóire
Agus beatha síoraí.
Amen.

28   Ag cur boird in áirithe

Ba mhaith liom	bord a chur in áirithe	le haghaidh duine
Teastaíonn uaim		beirte
Tá mé ag iarraidh		triúir srl

Cheannaigh tú leabhar staire ag tús na bliana – an bhfuil sé críochnaithe agat? Faigh luach do chuid airgid anois agus léigh an píosa atá ann faoi na Ceiltigh. Bhí siad láidir agus cumhachtach, nach raibh? Tá a dtionchar fós le feiceáil ar theangacha agus ar thíortha na hEorpa. An dia Ceilteach Lugh, mar shampla, thug sé a ainm do Lyons, do Londain, do mhí Lúnasa, don ghealach sa Laidin (*Luna*) agus don ghealt sa Bhéarla, *lunatic*. Ach an raibh a fhios agat céard a tharla don Cheiltis nuair a tháinig deireadh le cumhacht na gCeilteach? An bhfuil aithne agat ar Asterix?

Nuair a tháinig na Rómhánaigh chun na Fraince, bhí Gaillis á labhairt, teanga Cheilteach, ach fuair sin bás ar fad. Ansin ní raibh ach dhá áit ina raibh brainse den Cheiltis fágtha – Éire ina labhraítí Q-Cheiltis nó Gaeilge agus an Bhreatain ina labhraítí P-Cheiltis nó Breatnais.

Ach ansin tháinig na Rómhánaigh go Sasana. Tá aithne shúl agat ar Bhritannica ar sheanairgead Shasana, nach bhfuil? Theip uirthi, ar na Ceiltigh agus ar an mBreatnais sa Bhreatain Mhór ach d'fhan sí sa Bhreatain Bheag, áit a bhfuil sí fós.

Ansin tháinig grúpa eile daoine ag ionsaí na mBreatnach bocht – na Gaeil! Is cuimhin leat gur sciob Niall Naoi nGiallach Pádraig Naofa leis go hÉirinn. Faoi dheireadh, d'éirigh muintir na Breataine Bige agus na Breatnaigh a bhí ina gcónaí sa Chorn bréan de seo agus d'imigh siad leo go dtí tuaisceart na Fraince. Sin an fáth go bhfuil an Bhriotáinis á labhairt ainsin.

Ach bhí na Gaeil fhiáine fós ag troid agus ag goid. D'ionsaigh siad Albain agus thaitin sí chomh mór sin leo gur fhan cuid acu inti. Sin an fáth go bhfuil Gaeilge na hAlban nó Gàidhlig ann fós. D'imigh roinnt de na daoine seo go hOileán Mhanainn, mar sin tháinig an Mhanainnis agus an Ghàidhlig ón nGaeilge, ní ón mBreatnais!

. . . GLUAIS

luach: *value*
cumhachtach: *powerful*
tionchar: *influence*
brainse: *branch*

ag ionsar: *attacking*
bréan de: *fed up with*
fiáin: *wild*

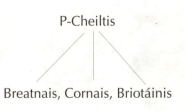

Q-Cheiltis

Gaeilge

Gàidhlig, Manainnis

P-Cheiltis

Breatnais, Cornais, Briotáinis

Is féidir leat breis eolais a fháil ó na leabhair seo a leanas:
The Irish Language (Máirtín Ó Murchú)
Stair na Teanga (Folens)
Tobar na Gaeilge: Litríocht agus Teanga (Ciarán Ó Cúlacháin
A View of the Irish Language (eag. Ó Cuív)

Féach uimh. 29 agus 30 sa leabhar saothair

31   Ag ordú béilí / deochanna

Féach uimh. 32 sa leabhar saothair

33 Deochanna

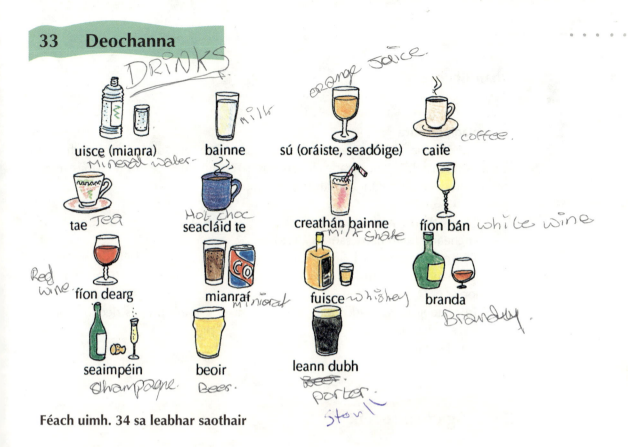

uisce (mianra) bainne sú (oráiste, seadóige) caife

tae seacláid te creathán bainne fíon bán

fíon dearg mianraí fuisce branda

seaimpéin beoir leann dubh

Féach uimh. 34 sa leabhar saothair

35 Ag gearán sa bhialann

Ag gearán faoin mbéile / mbia
Tá gearán agam faoi…
Is oth liom a rá…
Ba mhaith liom labhairt leis an mbainisteoir
Níl mé sásta le…
Tá an freastalaí drochbhéasach
Níl an tseirbhís sásúil
Tá an béile fuar
Tá an fheoil seo amh! (Níl sí sách déanta)
Tá feithid i mo shailéad.
Tá an fheoil seo dóite. (Tá sí ródhéanta)
Tá an bainne seo géar.
Tá sé rómhilis.
Tá blas uafásach air.
Tá an t-arán seo crua, chomh crua le cloch!

Féach uimh. 36 sa leabhar saothair

Obair Bheirte

Ag cumadh comhrá

Is custaméir tú sa bhialann agus tá gearán agat. Cum an comhrá a bheadh agat leis an bhfreastalaí. Pioc gearán as an liosta seo nó cum ceann nua más mian leat. Ansin déan an comhrá a aithris don rang.

1 Tá an fheoil amh; tá fuil ag sileadh aisti. Tagann an bainisteoir agus faigheann tú an béile saor in aisce.

2 Tá an tseirbhís mall agus anois nuair a thagann an béile tá sé fuar. Déanann tú gearán – ní fhaigheann tú sásamh agus siúlann tú amach gan íoc as.

3 Tá cuileog sa sailéad. Tá an freastalaí sásta é a athrú agus deoch saor in aisce a thabhairt duit.

4 Do ghearán féin!

38 Ag cócaireacht

Meáchain agus tomhais thraidisiúnta	Meáchain agus tomhais mhéadracha
16 unsa = 1 punt	1,000 gram (g) = 1 cileagram (kg)
14 punt = 1 cloch	
8 gclocha = 1 céad	1,000 millilítear (ml) = 1 lítear (p)
20 céad = 1 tonna	
	Malartú (congárach)
20 leacht = 1 pionta	1 unsa = 25g
2 phionta = 1 cárt	1 punt = 450g
8 bpionta = 1 gallún	1/4 pionta = 150 ml

Teocht san oigheann

	°C	°F	Gás		°C	°F	Gás
Fíoríseal	110	225	1/4	measartha te	190	375	5
	120	250	1/2		200	400	6
Íseal	140	275	1	te	220	425	7
	150	300	2		230	450	8
Measartha	160	325	3	an-te	240	475	9
	180	350	4				

Meáchain eile

Taespúnóg chothrom

Spúnóg bhoird faoi mhaoil

cupán   mám   liomóg

39   Uirlisí sa chistin

1 Greadtóir uibhe *egg whisk.*
2 plátaí *Plates.*
3 buidéal *Bottle.*
4 cipíní manglaim *cocktail sticks.*
5 babhla (mór) gloine *Glass Bowl*
6 éadach soithí *Dish cloth.*
7 crúsca tomhais *Measuring Jug*
8 oslcóir cannaí *tin opener.*
9 scian ghéar *sharp knife.*
10 clár mionghearrtha *chopping board.*
11 spúnóg bhoird *Table spoon*
12 spúnóg adhmaid *wooden spoon*
13 muga *mug*
14 babhla beag *small Bowl*
15 criathar *sieb sieve.*
16 meá *scalles / weighing.*
17 sáspan *saucepan.*
18 taespúnóg *Tea spoon.*
19 gloiní *Glasses*
20 fáiscire oráiste *orange squeeze*
21 tráidire *Tray.*
22 tóstaer *Toster*
23 friochtán *frying pan*
24 greadtóir leictreach *Electric mixer.*
25 citeal *kettle*

Féach uimh. 40-42 sa leabhar saothair

43   Oideas a haon

Popcorn

Comhábhair
2 ursa gráin bhuí
2 spúnóg bhoird ola
salann

Modh
Tá na treoracha measctha suas sa mhodh. An féidir leatsa iad a chur san ord ceart? Scríobh na treoracha ansin i do chóipleabhar.

Cuir an *popcorn* isteach sa sáspan
Múch an bruthaire ansin
Cuir an claibín air
Las an bruthaire
Éist leis an bpléascadh.
Cuir salann air.
Cuir sa bhabhla é.
Doirt an ola isteach sa sáspan.
Faigh sáspan.
Faigh an babhla.

Féach uimh. 44 sa leabhar saothair

45 Oideas a dó

Arán Bananaí

Comhábhar

8 n-unsa plúir (aeraithe)

3 unsa siúcra mín

3 unsa im leáite nó margairín

3 unsa gallchnónna (briste suas)

3 bhanana aibí

2 spunóg bhoird meala

craiceann grátáilte líomóide

ubh bhuailte.

. . . GLUAIS

aeraithe: *self-raising*

craiceann: *rind*

Modh

Arís scríobh an modh amach i do chóipleabhar agus líon na bearnaí ag úsáid na bhfocal atá thíos faoi.

1 _____ na bananaí i mbabhla mór nó go mbeidh siad deas bog.

2 _____ isteach leo an ubh, mil, siúcra, im leáite, cnónna, craiceann líomóide agus ar deireadh an plúr.

3 _____ isteach i stán ullmhaithe agus — san oigheann thart ar 45-50 nóiméad ag teocht 150°/300F/Gás 4.

4 _____ sa stán thart ar 10 nóiméad agus ansin — amach ar thrádire sreanga chun fuarú.

Fuaraigh, cuir, bácail, brúigh, measc, cas.

Bunaithe ar **Cuisine le Máirín**, *(lch 107)*

46 Ag cur síos ar bhéile

Cathain?	*Cén ócáid?*	*Cén áit?*	*Cé leis?*
le déanaí	Mo lá breithe a bhí ann	ar an mbaile	Chuaigh mé le …
cúpla oíche ó shin	Féile pósta	sa bhaile mór	Chuamar ar fad
seachtain ó shin	D'éirigh le … sa scrúdú	sa chathair	Bhí … in éineacht liom /
Déardaoin seo caite	Chuaigh … faoi lámh Easpaig	sa bhaile	linn
ag an deireadh seachtaine	Rinne … Céad Chomaoineach	in óstán	
	bainis	i mbialann	
		Caitheadh an bhainis	
		in óstán …	

An béile féin

Bhí _____ agam don phríomhchúrsa mar …

Ba iad na glasraí a bhí agam ná _____

Bhí _____ agam don mhilseog.

d'ith ⎱
d'ól ⎰ mé

d'itheamar ⎱
d'ólamar ⎰ ár ndóthain

Thaitin / níor thaitin _____ liom
Cheap mé go raibh sé …
Bhaineamar go léir taitneamh as.
Béile blasta a bhí ann.

daor   saor
réasúnta   d'íoc … as.

Tasc scríofa

Cárta 1: Rinne deartháir óg leat a chéad chomaoineach agus chuaigh an teaghlach amach le haghaidh béile. (Féach ar na biachláracha ar lch.123). Scríobh chuig cara leat ag cur síos ar an ócáid.

Cárta 2: Bhí tú ag bainis chol ceathrair leat le déanaí. Scríobh cárta chuig cara leat ag cur síos ar an mbéile a fuair sibh.

Litir 1: Is scoláire tú i gColáiste Samhraidh Gaeilge. Scríobh litir abhaile ag cur síos ar an mbia agus ag rá céard a cheapann tú faoi. Tabhair samplaí de bhéile a fhaigheann tú.

Litir 2: Is scoláire tú i gColáiste Samhraidh agus níl tú sásta leis an mbia. Scríobh litir abhaile chuig do thuismitheoirí ag gearán faoi agus ag lorg beart bia uathu sa phost. Abair cén bia ba mhaith leat a fháil sa bheart!

47   Cuireadh

Tasc scríofa

Ghlaoigh cara leat ar an bhfón chun cuireadh a thabhairt duit chuig a theach / teach le haghaidh tae roimh dhul chuig an dioscó. Ní raibh tú sa teach ach thóg do dheartháir teachtaireacht duit.

1   Scríobh an teachtaireacht sin.

2   Scríobh an nóta a chuirfeá chuig an gcara sin ag glacadh leis an gcuireadh.
    Luaigh na pointí seo:
    • an t-am
    • go mbeidh tú déanach agus cén fáth
    • nach bhfuil tú cinnte cad ba cheart duit a thabhairt
    • an t-am a mbeidh an dioscó thart

3   Scríobh an nóta a chuirfeá chuig an gcara céanna ag diúltú don chuireadh.
    Luaigh na pointí seo:
    • go bhfuil díomá ort   • ag cur dea-ghuí
    • an fáth nach féidir leat dul   • ag déanamh socrú eile.

Aonad 6

Siopadóireacht agus Éadaí

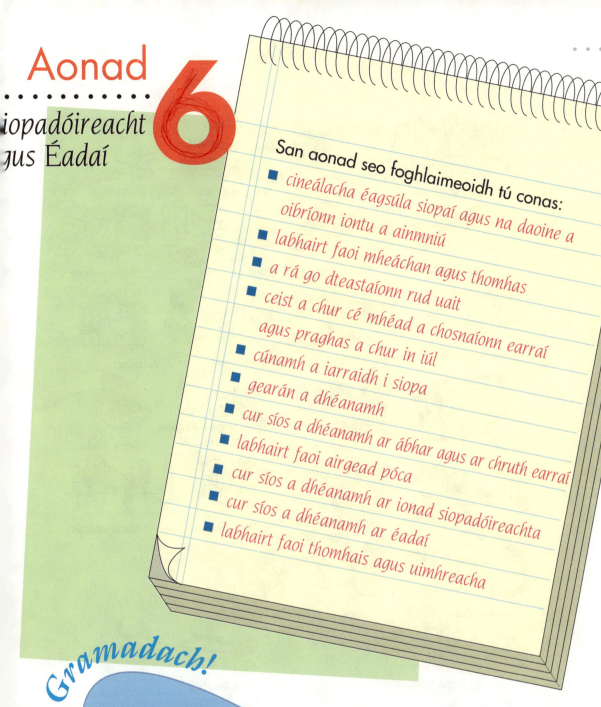

San aonad seo foghlaimeoidh tú conas:

- cineálacha éagsúla siopaí agus na daoine a oibríonn iontu a ainmniú
- labhairt faoi mheáchan agus thomhas
- a rá go dteastaíonn rud uait
- ceist a chur cé mhéad a chosnaíonn earraí agus praghas a chur in iúl
- cúnamh a iarraidh i siopa
- gearán a dhéanamh
- cur síos a dhéanamh ar ábhar agus ar chruth earraí
- labhairt faoi airgead póca
- cur síos a dhéanamh ar ionad siopadóireachta
- cur síos a dhéanamh ar éadaí
- labhairt faoi thomhais agus uimhreacha

Gramadach!

An Tuiseal Ginideach
Na Bunuimhreacha agus na focail **pingin** agus **punt**
An Aimsir Fháistineach
Uimhir Iolra na hAidiachta
Foirmeacha Ceisteacha

1   Na siopaí

Siopa éadaí Siopa ceirníní Siopa nuachtán Siopa earraí crua

Siopa báicéara Siopa bróg Siopa grósaera Siopa leabhar

Siopa búistéara Siopa bréagán Ollmhargadh An banc

Oifig an phoist Siopa milseán Siopa poitigéara (Cógaslann) Siopa físeán

Siopa earraí leictreacha Siopa glasraí agus torthaí Siopa bronntanas Siopa troscáin

Siopa seodóra Siopa biotáille Gruagaire

Siopa bláthanna Bearbóir

2   Na daoine a oibríonn sna siopaí

Siopadóir	Bainisteoir	Leasbhainisteoir
	nó	
Freastalaí	Airgeadóir	

Báicéir   Búistéir   Grósaeir   Gruagaire

Bearbóir   Poitigéir   Seodóir   Bláthadóir

Féach mar a athraíonn an focal tar éis 'siopa'.

Báicéir	—	siopa báic**éara**
Búistéir	—	siopa búist**éara**
Grósaeir	—	siopa grós**aera**
Bearbóir	—	siopa bearb**óra**
Poitigéir	—	siopa poitig**éara**
Seodóir	—	siopa seod**óra**

Féach uimh. 3-7 sa leabhar saothair

8   An oiread seo agus an oiread siúd!

Meáchain agus Tomhais

Cileagram	Lítear
Punt	Galún
Leathphunt	
Cloch	

Lítear Boiscín/Cartán Punt Pota

Builín Paicéad Mála Bosca

Leathdhosaen Buidéal Canna Cileagram Cloch

Féach uimh. 9 sa leabhar saothair

10 Fógraí i siopaí

Na rannóga éagsúla san ollmhargadh

Féach uimh. 11 sa leabhar saothair

12 Clár na bhfógraí

Léamhthuiscint

> **LE DÍOL**
>
> Ticéid: dhá cheann do cheolchoirm U2
> ar an 19 Lúnasa. Úinéir ag dul thar lear.
> Déan teagmháil le Ciara ag fo-líne: 42

1   Cén fáth a bhfuil na ticéid seo le díol?
2   Conas is féidir leat teagmháil a dhéanamh le Ciara?

> Carbhán le ligean míonna an tsamhraidh. Suíomh álainn, gar don fharraige, machaire gailf. Oiriúnach do cheathrar. Glaoigh ar (034) 64394.

1   Scríobh síos na míonna ina bhfuil an carbhán le fáil.
2   An dtógfaidh muintir Uí Riain é? Tá seachtar sa teaghlach.

> **LE DÍOL**
>
> CLUICHE RÍOMHAIRE "GHOSTBUSTERS"
> AGUS LEABHAR FAOI NA "GHOSTBUSTERS"
> SAOR IN AISCE LEIS.
>   MARGADH IONTACH !
> GACH EOLAS Ó:
>   SEÁN Ó NIA
>   3L

1   Cén praghas atá ar an leabhar?
2   Cén fáth gur margadh iontach é seo?

> **Éide Scoil Phobail Bríde le fáil anois Tigh Neachtain.**
>
> Geansaithe ar phraghas na bliana seo caite!
>
>   Gach eolas ó:
>   Seán Ó Nia
>   3L.

1   Cé dó an fógra seo?
2   Cén fáth a bhfuil na geansaithe saor?

> Leabhair don Teastas Sóisearach.
> Gach Ábhar. Leabhair athláimhe, coinnithe go maith.
> Praghsanna an-réasúnta.
> Eolas ó: Bríd Ní Néill Rang 5B

1   An bhfuil leabhair Fhraincise le díol ag Bríd?
2   An bhfuil na leabhair nua?

1   Tarraing pictiúr de na hearraí atá le díol.
2   Cén fáth a bhfuil na hearraí le díol?

_____ le do thoil

An dtabharfaidh tú _____ dom?

An bhfuil _____ agat / agaibh?

Teastaíonn _____ uaim

Ba mhaith liom _____ le do thoil.

Cé mhéad atá ar sin?

Tabhair dom _____

Tógfaidh mé _____

Céard atá uait?
An bhféadfainn cabhrú leat?
An féidir liom cabhrú leat?
Conas gur féidir liom cabhrú leat?
Aon rud eile?
Sin ____ ar fad.

Féach uimh. 14 sa leabhar saothair

Cuir na comhráití seo in ord! Scríobh mar seo iad:

Freastalaí: _____

Custaiméir: _____

(i)

Daichead pingin.
Dia duit.
Céard atá uait?
Dhá úll le do thoil.
Dia 's Muire duit!
Cé mhéad atá orthu?
Go raibh maith agat.
Go raibh maith agat féin.

(ii)

Dia duit,
Céard atá uait?
Bhfuil aon rud eile?
Seasca a ceathair pingin.

Dia 's Muire duit.
Mars agus *Twix* le do thoil.
Níl. Sin an méid.
Go raibh maith agat.

(iii)

Aon rud eile?
Cén praghas atá ar
na cannaí oráiste?
An féidir liom cabhrú leat?
Sin punt ar fad.
Caoga pingin an ceann.
Tógfaidh mé dhá cheann.
Níl, go raibh maith agat.

16   Ag lorg cúnaimh sa siopa

róbheag	níos mó
rómhór	níos lú
ródhaor	níos daoire
róard	níos saoire
róíseal	níos ísle
róchúng	níos airde
róleathan	níos cúinge
rófhada	níos leithne
róghearr	níos giorra
	níos faide

Féach uimh. 17 sa leabhar saothair

18   Ag gearán

Crua:
Deirtear é seo faoi arán nach
bhfuil úr – bíonn sé chomh
crua le cloch!

Géar:
Deirtear é seo faoi bhainne nó
uachtar nach bhfuil úr

Caonach liath air:
Seo fungas – bíonn dath gorm /
liath / glas air!

Lochtach:
Deirtear é seo faoi rud nach bhfuil
ag obair nó ag feidhmiú i gceart.

141

Ag titim as a chéile:
Deirtear é seo faoi rudaí a bhriseann ar nós Humpty Dumpty

Ag ligean isteach:
Deirtear é seo faoi bhróga, mar shampla nuair a thagann uisce isteach tríothu.

Lofa:
Bíonn boladh uafásach ar bhia nuair atá sé lofa!

Níl sé úr:
Deirtear é seo faoi bhia atá istigh / ar na seilfeanna ró-fhada.

Féach uimh. 19 sa leabhar saothair

20 Praghsanna

Cé mhéad atá ar _____ ?
Cén praghas atá ar _____ ?
Cé mhéad atá orthu?
Cén praghas atá ar na húlla?

Punt caoga an ceann

Seasca pingin an punt

Naoi déag nócha a naoi!

Dhá cheann ar phunt!

Nóta fiche punt
Nóta deich bpunt
Nóta cúig phunt

Píosa airgid
pingin
dhá phingin
cúig pingine

deich bpingine
fiche pingin
caoga pingin
punt

pingin amháin	punt amháin
dhá phingin	dhá phunt
trí pingine	trí phunt
ceithre pingine	ceithre phunt
cúig pingine	cúig phuint
sé pingine	sé phunt
seacht bpingine	seacht bpunt
ocht bpingine	ocht bpunt
naoi bpingine	naoi bpunt
deich bpingine	deich bpunt
aon phingin déag	aon phunt déag
fiche pingin	fiche punt
caoga pingin	céad punt
3-6 pingine	2-6 phunt
7-10 bpingine	7-10 bpunt

Ceacht duit!

 Scríobh na praghasanna seo i bhfocail:

50p	£1.60	£3.90
£5.45	£40	£1.95
£9.99	69p	

Sampla: Tá sé de nós sa Ghaeilge an 6 a chur i dtosach agus ansin an 20; mar sin £26 = sé phunt is fiche.

Féach uimh. 22 sa leabhar saothair

An raibh a fhios agat?

Ar fhéach tú go géar riamh ar airgead na hÉireann? Céard atá air? Cad iad na samhaltáin atá ar na boinn? Cad atá scríofa ar na nótaí? Cuir do chuid airgid amach ar an deasc. Cad as do na hainmhithe seo uilig? Cén bhaint atá ag an bpingin agus an píosa dhá phingin le Leabhar Cheanannais i gColáiste na Tríonóide? An bhfuil aon scéal ar eolas agat faoin tarbh ar an bpíosa cúig pingine nó faoin mbradán ar an bpíosa deich bpingine? Cén uair a tháinig an píosa cúig pingine / deich bpingine / an punt isteach sna siopaí? An bhfuil aon seanbhoinn airgid ag do mhuintir sa bhaile? Cén difríocht atá idir iad agus airgead an lae inniu?

Cad faoi na nótaí bainc? Cé hé an fear ar an nóta cúig phunt? Cad é an scríbhinn ar a chúl? Cé hé an fear ar an nóta deich bpunt? An raibh Gaeilge aige? Cén léarscáil atá ar an nóta sin agus cérbh í an bhean sin? An bhfuil bean ar bith eile ar na nótaí bainc? Cé hé an fear ar an nóta fiche punt? Cad a cheap sé faoin nGaeilge? Cad tá scríofa ar chúl? Is féidir leat breis eolais a fháil faoi seo an bhliain seo chugainn sa rang staire. An bhfaca tú nóta caoga punt riamh? An cuimhin leat ainm gach uirlis cheoil atá air? Tá na huirlisí seo gearrtha nó greannta ar adhmad i Séipéal Naomh Micheál i mBaile Átha Cliath. An cuimhin leat cén t-ainm atá ar an gcláirseoir cáiliúil seo – féach siar ar 'An raibh a fhios agat?' leathanach 83. Is féidir leat breis eolais a fháil ar an ábhar seo má scríobhann tú chuig Banc Ceannais na hÉireann, Sráid an Dáma, Baile Átha Cliath 2.

go géar: *closely*
samhaltáin: *symbols*
boinn: *coins*
deasc: bord scoile
Leabhar Cheanannais:
  the Book of Kells
greannta: *engraved, carved*

23 Ag cur síos ar earraí

ar athlámh

ársa (siopa seandachtaí)

úrnua

ábhair
adhmad
plaisteach
páipéar
leathar
Tá sé déanta as   gloine
miotal
síoda
canbhás
cadás

fada / gearr
caol / leathan
cearnógach
Tá sé   ciorcalach
dronuilleach
ard / íseal
cam / díreach

Féach uimh. 24-27 sa leabhar saothair

Ceistneoir

Airgead Póca

Scríobh an ceistneoir seo amach i do chóipleabhar; ansin cuir na ceisteanna ar an duine in aice leat agus cuir tic sna boscaí cuí.

1   An bhfaigheann tú airgead póca ó do thuismitheoirí gach seachtain?
Faigheann ☐   Ní fhaigheann ☐

2   Cé mhéad a fhaigheann tú?
Níos lú ná £1 ☐   Idir £1-3 ☐   Níos mó ná £3 ☐

3   An bhfuil post beag agat chun airgead a thuilleamh?
Tá ☐   Níl ☐

4   Má tá post agat cén sort oibre é?
ag tabhairt aire do leanaí ☐   ag cabhrú ar fud an tí ☐
i siopa nó caife ☐   eile ☐

5   An bhfaigheann tú mórán pá sa phost?
níos lú ná £5 ☐   níos lú ná £10 ☐   os cionn £10 ☐

6   Conas a chaitheann tú an t-airgead?
éadaí ☐   leabhair agus cóipleabhair ☐   irisí ☐
ceirníní / téipeanna ☐   milseáin ☐
linn snámha ☐   na pictiúir ☐   fístéip ar cíos ☐

7   An gcuireann tú airgead i dtaisce?
go rialta ☐   corruair ☐   ní chuireann riamh ☐

8   An bhfuil tú sásta le d'airgead póca?
Tá ☐   Níl ☐

9   An bhfaigheann tú airgead ó ghaolta?
go minic ☐   corruair ☐   ní fhaigheann riamh ☐

Obair ghrúpa

Nuair atá an suirbhé déanta agaibh téigí i ngrúpaí (ceathrar sa ghrúpa) agus cuirigí na torthaí le chéile. Roghnaigh tuairisceoir agus nuair atá an tuairisc curtha le chéile agaibh léifidh an tuairisceoir amach é. Tosóidh an tuairisc mar seo: 'Inár ngrúpa faigheann x airgead póca gach seachtain…'

RUDAÍ LE DÉANAMH

siopadóireacht le déanamh
teach le glanadh
cuirí le cur amach
físeán a fháil ar cíos
téipeanna a fháil ar iasacht
seomra a mhaisiú
cáca le déanamh
bronntanas le ceannach

A

Cé a dhéanfaidh céard?

Tá Róisín, Eoin agus Ciara ag pleanáil chóisir Aoife. Caithfidh siad an obair a roinnt. Cum an comhrá agus déan é a aithris don rang. Féach ar dtús ar an mbosca thíos. Seo mar a deirtear sa Ghaeilge 'I'll write', 'I'll buy' etc.

Cúinne na Gramadaí!

-faidh	**-fidh**	**-óidh**	**-eoidh**
déanfaidh	cuirfidh	ceannóidh	maiseoidh
glanfaidh			
scríobhfaidh			

B

Cabhraígí anois le pé duine atá ag dul ag siopadóireacht! Cuirigí an liosta siopadóireachta le chéile.

Liosta siopadóireachta
_____
_____
_____
_____
_____
_____

C

Cuireadh

An dtiocfaidh tú?

Chuig céard?	*Cóisir!*
Cathain?	*4 Aibreán*
Cén áit?	*Teach Aoife*
Cén t-am?	*4.00 i.n.*
Cén fáth?	*Lá breithe Aoife*
Cén aois í?	*Ceithre bliana déag*

Tiocfaidh mé ❑   *Ní thiocfaidh mé* ❑

RSVP

Cóisir

Beidh cóisir i dteach Aoife ar an gCéadaoin 4 Aibreán ag 4.00 i.n. Is é a lá breithe é! An féidir leat teacht? RSVP

Ní féidir ❑ liom teacht.
Is féidir ❑ liom teacht.

Ainm: _____

Cuireadh

Seo cuireadh do _____
teacht chuig cóisir ar an 4/4/94
ar 4.00 i.n. 14 Bóthar na Trá

ag ceiliúradh
lá breithe Aoife

Beidh fáilte romhat ann!
RSVP

Beidh ☐

Ní bheidh mé ag an gcóisir ☐

Ainm: _____

Cén cuireadh is fearr leat?
An féidir leatsa cuireadh eile a dhearadh?

D

Tá comhrá ag Róisín, Eoin agus Ciara faoin mbronntanas a cheannóidh siad d'Aoife. Seo an comhrá; an féidir leat é a chur in ord? Scríobh amach i do chóipleabhar é leis na habairtí san áit cheart. (Is cuma cé a dúirt céard!)

- Sin smaoineamh maith! Rachaidh sé leis na jíons nua atá aici.
- Níl a fhios agam. Tá sé deacair fios a bheith agat.
- Cad is féidir linn a cheannach di?
- Ní hea. Tá go leor aici cheana féin.
- Chonaic mise T-léine deas Siopa Uí Neachtain inné.
- Céard faoi théip?
- Cé a rachaidh chun í a cheannach?
- Cén praghas a bhí air?
- Níl sé ró-dhona. Dhá phunt an duine.
- Sé phunt – is margadh maith é.
- Rachaidh mise mar tá aithne agam ar Bhean Uí Neachtain – is cara le mo mháthair í.

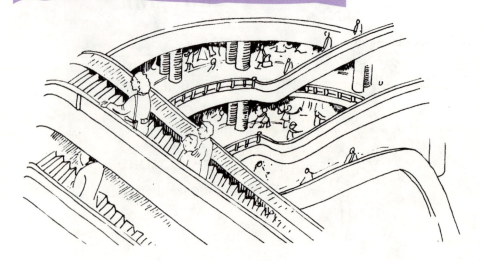

Tasc scríofa

Cad é an t-ionad siopadóireachta is gaire duitse?
Scríobh síos na habairtí ón liosta seo atá fíor faoi.

Is ionad ollmhór é.	Tá naíolann ann.
Níl sé i bhfad tógtha.	Uaireanta bíonn grúpa ceoil ann.
Is minic a bhíonn sé plódaithe.	Tá pictiúrlann in aice leis.
Is áit gheal, chompórdach é.	Tá clós pairceála faoi dhíon ann.
Tá ollmhargadh ann.	Tá siopaí de gach cineál ann.
Tá ort punt a íoc chun trucail a fháil ann.	Tá sé i lár na cathrach.
Tá bialann / siopa caife ann.	Tá sé ar imeall na cathrach.
Bíonn sé oscailte déanach Dé hAoine.	Bíonn fir agus mná slándála ag obair ann.
Tá atmaisféar deas ann.	Téim ann le mo theaghlach uaireanta.
Seinntear ceol ann.	

**Féach uimh. 31 sa leabhar
saothair**

An bhfuil tú i bhfaisean?

Ag cur síos ar éadaí

Faiseanta
as faisean
nua-aimseartha
seanaimseartha

Éadaí

Féach uimh. 33 sa leabhar saothair

34   Dathanna

Cén dath atá air / orthu?
Tá dath _____ air / orthu.

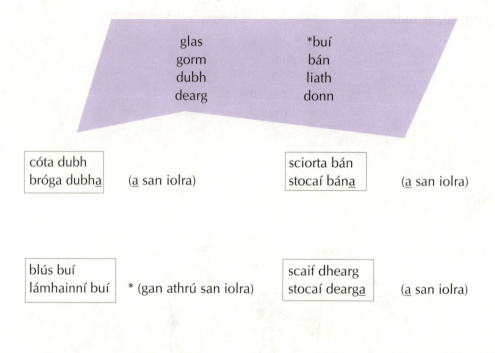

glas	*buí
gorm	bán
dubh	liath
dearg	donn

cóta dubh	
bróga dubh<u>a</u>	(<u>a</u> san iolra)

sciorta bán	
stocaí bán<u>a</u>	(<u>a</u> san iolra)

blús buí	
lámhainní buí	* (gan athrú san iolra)

scaif dhearg	
stocaí dearg<u>a</u>	(<u>a</u> san iolra)

geansaí glas	
stocaí glas<u>a</u>	(<u>a</u> san iolra)

 Tasc scríofa

Scríobh liosta de na héadaí atá á gcaitheamh agat faoi láthair agus abair freisin cén dath atá orthu.

Tosaigh mar seo:

'Faoi láthair táim ag caitheamh ...'

Féach uimh. 35 agus 36 sa leabhar saothair

Bróga

in Éirinn	2	3	4	5	6	6.5	7	8	8	10
San Eoraip	35	36	37	38	39	40	41	42	43	44

Cén uimhir a chaitheann tú i mbróga?
Tógaim uimhir a _____ .

Éadaí (mná)

San Eoraip	36	38	40	42	44	46
in Éirinn	8	10	12	14	16	18

Caithim uimhir a _____ i ngeansaí / bríste.

Éadaí (Fir)

San Eoraip	40	42	44	46	48	50	52
in Éirinn	34	36	38	40	42	44	46

Suirbhé sa bhaile
Faigh amach deich bpíosa eolais faoi na tomhaiseanna a chaitheann daoine i do
theaghlach. Scríobh do thuairisc mar seo:
Caitheann mo mháthair uimhir a _____ i mbróga.
Caitheann sí _____ i ngúna.

Eolas ort féin
Scríobh gach eolas gur féidir leat faoin tomhas / uimhir a chaitheann tú féin sna
héadaí seo:

> i hata   i stocaí
> i léine / blús   i seaicéad
> i ngeansaí   i lámhainní
> i 'jeans'

Inis do do mhúinteoir cad iad na tomhais nó na huimhreacha a bheadh agat dá
mbeifeá i do chónaí sa Fhrainc. Tosaigh mar seo: 'Dá mbeinn i mo chónaí sa
Fhrainc thógfainn ...'

Léamhthuiscint

Le cúpla mí anuas bhí Áine ag caint faoin mbuachaill iontach seo a raibh sí ag dul amach leis. Máirtín Ó Flanagáin an t-ainm a bhí air. Duine an-séimh agus an-tuisceanach go deo a bhí ann, dar le hÁine agus bhí gach duine sa bhaile ag cur ceisteanna faoi. Sa deireadh dúirt Áine go dtabharfadh sí abhaile é chun bualadh leis an teaghlach.

Ar fheiceáil Mháirtín do m'athair tháinig bolgadh ar a shúile sa chaoi is go raibh siad ag seasamh amach as a chloigeann. Scaoil mo mháthair osna ard aisti agus rug greim ar láimh m'athar mar thacaíocht di féin sa chaoi is nach dtitfeadh sí i laige ar an toirt.

'Má ——— Má ——— Má ——— Máirtín,' arsa m'athair, agus é lánsoiléir ar an bpointe nach mbeadh mórán gnó ag Máirtín bocht sa teach céanna go deo arís.

Bhí Máirtín an-ard agus caol. Bhí bríste liathdhubh air a bhí an-leathan ag an mbarr ach a chúngaigh de réir mar a tháinig sé anuas, sa chaoi is go raibh an dá chois a bhí orthu fáiscthe go daingean lena rúitíní ag an mbun. Bhí casóg bhándearg air a raibh a muinchillí i bhfad Éireann róghearr do ghéaga fada caola Mháirtín. Bhí téadcharbhat corcra air a bhí leathcheangailte thart ar a mhuineál. An léine a bhí air – níor léir bóna ceart a bheith uirthi.

Ba mheasa ar fad é, áfach (dar le mo thuismitheoirí), a raibh le feiceáil ar bharr an mhuiníl sin aige. Bhí biorán trína chluais chlé aige a bhí ceangailte ag slabhra le biorán eile i gcúinne a bhéil. Bhí tatú de réalta deartha i gceartlár a éadain a thug cuma Indiaigh Dheirg dó; agus ar bharr a chloiginn bhí ocht spíce de ghruaig ina righinseasamh, gach uile cheann acu ina Thúr Eiffel beag, agus an craiceann idir na spící mar a bheadh talamh ag bun an túir as ar dódh an féar go léir.

Sheas siad ansin gan focal a rá ar feadh deich soicind nó mar sin. Ar ndóigh, ba í an chuma neamhghnách a bhí air ba chúis leis an gciúnas. Ar deireadh labhair Máirtín.

'Is breá liom casadh oraibh – tá go leor inste ag Áine dom fúibh,' a dúirt sé de ghuth an-séimh.

Bhí a ghuth i bhfad ní ba shéimhe ná mar a bhí súil ag mo thuismitheoirí leis agus ba léir iontas a bheith orthu leis sin ón gcaoi ar fhéach siad ar a chéile ar chéadlabhairt do Mháirtín.

'Is ea, —— bhuel —— eh —— is ea —— bhuel —— tar isteach a Mh —— a Mháirtín agus —— eh —— suigh síos,' a dúirt mo mháthair ar deireadh, agus í ag siúl ar aghaidh léi isteach sa seomra suí.

*Sliocht as **An Punk agus scéalta eile** (Ré Ó Laighléis)*

. . . GLUAIS

bolgadh: *bulging*
osna: *sigh*
tacaíocht: *support*
ar an toirt: *ar an bpointe*
titim i laige: *to faint*
lánsoiléir: *very clear*
chúngaigh: *narrowed*
fáiscthe: *tightened*
rúitíní: *ankles*
casóg: *jacket*
muinchillí: *sleeves*
géaga: *arms*
bóna: *collar*
biorán: *pin*
tatú: *tattoo*
Indiach Dearg: *Red Indian*
spíce: *spike*
righinseasamh: *standing rigidly*
cuma neamhghnách: *unusual appearance*
séimh: *soft, gentle*

Ceisteanna

Freagair na ceisteanna seo a leanas i do chóipleabhar:

1   Cén fáth ar tháinig bolgadh ar shúile athair Áine, dar leat?

2   Céard a rinne máthair Áine nuair a chonaic sí Máirtín?

3   'Má–Má–Má–Máirtín'. Cén fáth a raibh athair Áine ag caint mar sin, dar leat?

4   Scríobh abairt amháin faoi Mháirtín maidir le gach focal sa liosta seo:

    bríste   casóg
    léine   téadcharbhat
    gruaig   cluas
    clár éadain

5   Ní raibh Máirtín cosúil leis an ngnáthdhuine. Cá bhfuil an dá fhocal sa sliocht a chiallaíonn sin?

6   Tarraing pictiúr de Mháirtín anois tú féin. Cad a cheapann tú faoina chuma?

Féach uimh. 39 sa leabhar saothair

40   As faisean nó ar ais san fhaisean?

Sna seascaidí

1 Gruaig fhada agus féasóg
2 Banda Indiach
3 Amhráin faoi ghrá agus shíocháin
4 Mála droma agus mála codlata
5 Comhartha na síochána
6 Léine fhada ón Túinis
7 Giotár agus ceol tíre á sheinm
8 Bríste le cosa leathana ar nós cosa eilifinte.
9 Cuaráin leathair

Sna seachtóidí

Dó

1 Gruaig fhada, salach go minic, daite nó
   leathdhaite le *henna*
2 Aghaidh bhán
3 Scaif fhada olla, dath corcra uirthi,
   lámhchniotáilte
4 Suaitheantas frithnúicléach
5 Mála (*army surplus!*) glas agus
   graffiti air
6 Geansaí mór olla
7 *Parka* - seaicéad glas, dath an airm
8 *Jeans* caite
9 Fáinne miotail
10 Buataisí svaeide *desert*

Dí

1 Gruaig fhionn agus dath dubh
   anseo is ansiúd inti
2 Aghaidh bhrónach
3 Fáinní móra cluaise daite, déanta as
   plaisteach
4 Coiléar madra buailte le stodaí
5 Cóta báistí daite ar nós an liopaird
6 Gúna gearr ar nós chinn na seascaidí,
   dath dearg, bándearg, dubh nó glas.
7 Crios ar nós chinn na seascaidí déanta
   as miotal maisithe
8 Bráisléad
9 Mála beag láimhe i snasleathar dubh
10 Stocaí dorcha ar nós líon/eangaigh
    iascaireachta
11 Bróga arda ar nós chinn na seascaidí.

. . . GLUAIS

Cuaráin: *sandals*
daite: *dyed*
suaitheantas: *badge*
frithnúicléach: *anti-nuclear*
stodaí: *studs*
crios: *belt*
miotal maisithe: *decorated
   metal*
snasleathar: *polished
   leather*
sála: *heels*
snáthaid: *needle*

Léamhthuiscint

40 Bóthar an Chaisleáin,
Droichead Átha,
Co. Lú
4 Samhain 1993

A Shíle,

Tá súil agam go bhfuil tú ag coinneáil go maith. Táimid i mbarr na sláinte anseo. Go raibh míle maith agat as an gcárta breithlá agus as an mbronntanas álainn a chuir tú chugam. Mar is eol duit, is aoibhinn liom na bláthanna (Hothouse) agus ní raibh an téip sin agam. Bhuel, fuair mé airgead, don chuid is mó, do mo lá breithe. Thug mo thuismitheoirí £30 dom chun éadaí a cheannach agus fuair mé £10 ó m'athair baiste, Uncail Liam. Chaith mé tráthnóna Dé Sathairn ar fad ag lorg péire jeans, d'éirigh liom sa deireadh ach bhí mé ar mo chosa deiridh faoin am sin! Ní théann tomhas 12 orm níos mó agus tá tomhas a 14 rómhór dom. Faoi dheireadh fuair mé an péire deireannach de tomhas 13 sa siopa nua sin Tigh Mhic Dhonncha ag cúinne Shráid Eoin. Chuir mo dhearthair Dáire T-léine dheas chugam ón Astráil le 'koala' air agus téann sí go deas leo. Níl uaim anois ach áit éigin le dhul! B'fhéidir go bhfaighidh mé cead dul chuig 'dioxo' na scoile ar an Aoine. Bí ag guí ar mo shon mar tá orm an cheist a chur ar mo thuismitheoirí anocht! Ba bhreá liom cloisteáil uait go luath.

Do chara dhil, Aonghas.

Ceisteanna

1   Cén fáth a bhfuil Aonghas ag gabháil buíochais le Síle sa litir?
2   Cén fáth ar thug Uncail Liam airgead d'Aonghas ar a lá breithe?
3   Bhí sé deacair dó péire *jeans* a fháil. Cén fáth é sin?
4   Cad a chaithfidh sé leis na *jeans* nua?
5   Cén fáth a bhfuil paidir ag teastáil ó Aonghas?
6   An mbíonn cead agatsa dul chuig dioscónna?

Féach ar na pictiúir seo a léiríonn culaith náisiúnta nó réigiúnach i dtíortha éagsúla.

gúna le stríoca ildaite
naprún síoda le bróidnéireacht
agus dathanna na tuaithe
Caille ar a ceann ina bhfuil seoda agus bláthanna
léine bhán le muinchillí gearra

Culaith réigiúnach ón nGearmáin

boinéad traidisiúnta
sciorta dearg (le naprún bán), cruinnithe ag an gcoim
suas le ceithre pheireacót déag
bróga adhmaid

Culaith réigiúnach ón Ísiltír

ceannbheart de bhláthanna úra
sciorta le stríoca ildaite
léine bhán le bróidnéireacht

Culaith réigiúnach ón bPolainn

43   Dearthóir na Bliana, 1993

Léamhthuiscint

Léigh an sliocht seo thíos agus ansin freagair na ceisteanna sa leabhar saothair (uimh. 43).

Tá cáil idirnáisiúnta bainte amach ag an dearthóir éadaí John Rocha a bhuaigh ceann de na duaiseanna is mó i gcúrsaí faisin, an duais Bhreatnach 'Designer of the Year' ar an 20 Deireadh Fómhair. Ba mhór an onóir dó é agus cuir an scéal bród agus ríméad ar a chairde ar fad i dtionscal an fhaisin in Éirinn. Tháinig John Rocha go hÉirinn ar dtús i 1977 agus taobh amuigh de dhá bhliain a chaith sé i Milan tá sé anseo ó shin.

Rugadh i Hong Kong é daichead bliain ó shin. Cuntasóir ab ea a athair agus b'éigean dó obair go dian chun a sheachtar clainne a thógáil. Síneach ab ea a mháthair agus níor ghlac teaghlach a athar go ró-mhaith riamh léi, clann shaibhir Chaitliceach ón bPortaingéil. D'fhág John Hong Kong sna seascaidí chun teacht go Londain gan ina phóca aige ach £17 agus gan aithne aige ar éinne. Cheap sé ar dtús gur mhaith leis dul le banaltracht ach nuair a tháinig sé go hÉirinn d'athraigh sé a intinn. Thit sé i ngrá le héadaí traidisiúnta agus téamaí traidisiúnta na tíre seo. 'Saoirse' ab ainm don bhailiúchán éadaí a taispeánadh ag ócáid bhronnadh na duaise i Londain. Bhain sé feidhm sa bhailiúchán as téamaí Ceilteacha mar a dhéanann sé go minic ina chuid obair dearthóireachta – éadach traidisiúnta maisithe le scileanna traidisiúnta ach cruthaíonn sé éadaí nua-aimseartha agus áilleacht faoi leith ag baint leo.

Tá sé i gceist aige leanúint leis an gcineál seo oibre ar feadh deich mbliana eile, dar leis, agus cá bhfios ina dhiaidh sin – garraíodóireacht b'fhéidir, mar is aoibhinn leis í. Deirtear go mbeidh toradh an-sásúil ar an aitheantas idirnáisiúnta a gheobhaidh sé mar gheall ar an duais – orduithe gur fiú £3-5 milliún iad. Go n-éirí go geal leis!

(*Bunaithe ar alt san **Irish Times,** 23 Deireadh Fómhair 1993*)

...GLUAIS

dearthóir: *designer*
cáil idirnáisiúnta: *international fame*
bainte amach: *achieved*
ríméad: *áthas*
tionscal an fhaisin: *the fashion industry*
Síneach: *Chinese*
banaltracht: *nursing*

bailiúchán: *collection*
feidhm: *úsáid*
téamaí Ceilteacha: *Celtic themes*
cruthaíonn sé: *he creates*
garraíodóireacht: *gardening*
toradh: *outcome*
aitheantas: *recognition*

Agallamh le duine cáiliúil

Samhlaigh gur iriseoir tú ag cur agallaimh ar John Rocha – beidh do chara in ann freagraí a thabhairt le cabhair ón sliocht. Cabhróidh an liosta ceisteanna seo leat agus is féidir leat ceisteanna de do chuid féin a chumadh freisin.

Cár rugadh tú?

Cén aois tú?

Inis dom rud éigin faoi do thuismitheoirí. Cárbh as dóibh? An bhfuil siad beo i gcónaí? Cá bhfuil cónaí orthu?

An bhfuil mórán deartháireacha agus deirfiúracha agat?

An bhfuil tú pósta? An bhfuil páistí agat?

Cathain a d'fhág tú an baile?

Céard a thug anseo go hÉirinn tú?

Cén fáth ar thosaigh tú ag dearadh éadaí in Éirinn?

An raibh tú sásta leis na scileanna in Éirinn?

Cad is ainm don bhailiúchán éadaí d'Earrach '94 a bhí i Londain?

Cén sort téamaí a d'úsáid tú don bhailiúchán sin?

An rachaidh tú ar aghaidh ag dearadh éadaí?

An bhfuil aon chaitheamh aimsire agat?

Cad a chiallaíonn an duais seo duit?

San aonad seo foghlaimeoidh tú conas:

- cineálacha éagsúla aimsire a ainmniú
- eolas a fháil ó réamhaisnéis na haimsire
- treo agus suíomh a chur in iúl
- cur síos a dhéanamh ar an sórt aimsire a bhíonn le fáil i dtíortha éagsúla
- labhairt faoin tionchar a bhíonn ag saghsanna éagsúla aimsire ort
- na séasúir a ainmniú
- labhairt faoin gcaoi a gcuireann an aimsir isteach ar imeachtaí

Gramadach!

Ag Cumadh Aidiachtaí as Ainmfhocail
Céimeanna Comparáide na hAidiachta
Ainmneacha tíortha sa Tuiseal Ginideach
An Aimsir Fháistineach
An Aimsir Ghnáthchaite
Má agus an Aimsir Láithreach

1

Féach ar na siombailí seo agus ar na focail sa liosta. Cén focal a théann le gach siombail? Tarraing na siombailí i do chóipleabhar agus scríobh na focail chearta fúthu.

gaoth

scamall

grian

sneachta

ceo

tintreach /

toirneach

sioc

2

Is féidir aidiachtaí a dhéanamh as cuid de na hainmfhocail thuas.
Mar shampla: scamall – scamallach

 Tarraing cairt i do chóipleabhar cosúil leis an gceann thíos agus déan iarracht aidiachtaí a dhéanamh as na hainmfhocail ar clé. Níl le déanamh agat ach an deireadh cuí a chur leo. Bain úsáid as d'fhoclóir más gá!

	-ach	-mhar	-iúil	eile
scamall	scamallach			
teas				te
grian				
stoirm				
ceo				
gaoth				

Féach uimh. 3 sa leabhar saothair

Chuaigh Phileas Fogg ar thuras mórthimpeall an domhain sa chéad seo caite. Chuir sé go leor cártaí poist chuig a chairde, ach bhí deifir air – ní raibh ach ochtó lá aige, mar sin bhain sé úsáid as siombailí. An féidir leat tús na gcártaí poist seo thíos a scríobh amach go néata i do chóipleabhar ag baint úsáide as na focail chearta?

Féach uimh. 5 sa leabhar saothair

6 Treo

Tuaisceart
Iarthar
Oirthear
Deisceart

ag teacht aduaidh
ag dul ó thuaidh
ag teacht aneas
ag dul ó dheas
ag dul siar
ag dul soir
ag teacht aniar
ag teacht anoir

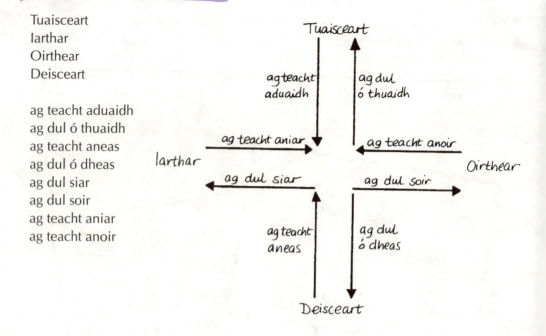

 Tasc scríofa

Déan cur síos ar na daoine seo i do chóipleabhar; tá an chéad cheann faoi Mel déanta duit.

Ainm	Áit chónaithe	Coláiste samhraidh	Laethanta saoire
1 Mel	Baile Átha Cliath	Conamara	Corcaigh
2 Nóra	Baile Átha Luain	Dún na nGall	Baile Átha Cliath
3 Séamas	An Cabhán	Dún na nGall	Gaillimh
4 Áine	Corcaigh	Ciarraí	Port Láirge
5 Marcas	Baile Átha Cliath	An Mhí	Cill Chainnigh

Sampla:

1. Is as Baile Átha Cliath in oirthear na tíre do Mel. Chuaigh sé siar go Conamara chuig Coláiste Samhraidh an bhliain seo caite. Bhí brón air ag teacht aniar ar an traein ach beidh sé ag dul ó dheas go Corcaigh ar a laethanta saoire go luath.

Freidí Fáinleog agus Gráinne Gé

Déanann éin mar na fáinleoga agus na géanna turais fhada gach bliain. Casann gach saghas aimsire orthu ar an mbealach. Féach (a) ar thuras Freidí Fáinleog agus (b) ar thuras Ghráinne Gé agus déan cur síos ar an aimsir sna tíortha a n-eitlíonn siad tharstu i do chóipleabhar. Is féidir tosú mar seo:

(a)   Tá Freidí in Éirinn. Níl an aimsir go deas. Tá sé ag cur go trom. Téann sé ó dheas go dtí an Spáinn…

(b)   Tá Gráinne in Éirinn. Níl an aimsir go deas, tá sé ag cur go trom. Téann sí soir trasna na farraige…

7 Laethanta saoire agus an aimsir

Tá sé ró-the!

Tá Beití agus Marc ag dul ar saoire. Tá siad ag léamh an pháipéir le fáil amach cén teocht atá i ngach tír. Éist lena gcomhrá agus léigh é ag an am céanna.

Beití: Chuala mé go bhfuil Albain go hálainn ag an am seo den bhliain. Ba bhreá liom dul ag seoltóireacht timpeall na n-oileán ann.

Marc: Tá sé sin rófhuar. Féach ar an teocht – níl sé ach 15 céim celsius i nGlaschú inniu. B'fhearr liom dul áit deas te, áit a mbeadh an ghrian ag taitneamh gach lá. Ba mhaith liom luí amuigh ar an trá agus dath deas donn a fháil. Is féidir liom leabhar a léamh, b'fhéidir an ceann sin a thug tú dom um Nollaig. Céard faoi Malaga? Tá sé 28 céim ansin inniu.

Beití: Ó, ní maith liom é a bheith ró-the. Déanann an ghrian dochar do do chraiceann. Rachaimid áit nach bhfuil ró-the, áit gur féidir linn dul ag rothaíocht agus ag siúl. Céard faoin Ostair? Is féidir linn dul ag dreapadh sna sléibhte. Agus féach, níl sé ró-fhuar ansin, tá sé 19 céim i Vienna inniu.

Marc:	Táimid ag dul ar saoire, nílimid ag traenáil do mharatón. Ba mhaith liom luí siar agus gan aon rud a dhéanamh ar feadh coicíse. Céard faoin Iodáil? Cloisim go bhfuil an trá i Rimini go hálainn … agus déanann siad uachtar reoite iontach.
Beití:	Agus *pasta* agus *pizza* agus gach rud eile le tú a dhéanamh ramhar.
Marc:	Tá sé 24 céim sa Róimh inniu. Níl sé sin ró-the duitse, agus is féidir leat cuairt a thabhairt ar na músaeim agus na gailearaithe ar fad ann.
Beití:	Ceart go leor. Is féidir linn seachtain a chaitheamh ar an trá – tusa i do luí faoin ngrian agus mise ag snámh agus ag bádóireacht, agus ansin seachtain eile sa Róimh ag féachaint ar na radharcanna. Go breá, ach tá súil agam nach mbeidh sé ró-the, is féidir linn rothair a fháil agus …
Marc:	Ó, maróidh tú mé!

Ceisteanna

1. Conas atá an aimsir i nGlaschú, i Vienna agus sa Róimh?
2. Cad is féidir a dhéanamh in Albain, dar le Beití?
3. Cad ba mhaith le Beití a dhéanamh ar a laethanta saoire?
4. Cad ba mhaith le Marc a dhéanamh ar a laethanta saoire?
5. Cén sórt cailín í Beití? Cén sórt buachalla é Marc? Conas a bhfuil a fhios agat sin ón gcomhrá?

Tasc scríofa

Féach ar an bpíosa seo ón bpáipéar.

(a) Cén teocht atá i Londain, Barcelona agus San Francisco inniu?

(b) Scríobh cuntas ar na rudaí gur féidir leat a dhéanamh sna háiteanna sin agus conas mar a bhíonn an aimsir.

Cathair	Tír	Teocht	Aimsir
Baile Átha Cliath	Éire		
Barcelona	An Spáinn	11°	
Caireo	An Éigipt	19°	
Londain	Sasana	23°	
Nua-Eabhrach	Stáit Aontaithe Mheiriceá	11°	
San Francisco	Stáit Aontaithe Mheiriceá	8°	
		18°	

Féach uimh. 8 sa leabhar saothair

Cuinne na Gramadaí!

trom	– níos troime	– is troime
éadrom	– níos éadroime	– is éadroime
fuar	– níos fuaire	– is fuaire
ard	– níos airde	– is airde
íseal	– níos ísle	– níos ísle
te	– níos teo	– is teo

Féach uimh. 9 agus 10 sa leabhar saothair

Obair bheirte

Déan amach cairt i do chóipleabhar. Scríobh isteach an teocht agus an aimsir atá i ndeich áit. Is féidir leat an nuachtán nó do leabhar tíreolais a úsáid más mian leat. Cum fiche ceist bunaithe ar do chairt. Tabhair do chóipleabhar do do chara chun na ceisteanna a fhreagairt. Cé mhéad marc a fuair sé / sí as 50? Tabhair 3 mharc don eolas agus 2 mharc don Ghaeilge ar gach ceist.

11 Suíomh

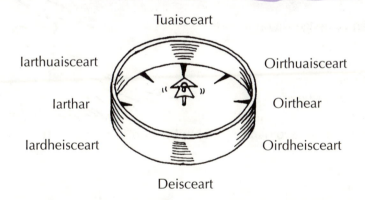

Tá Contae Aontroma san Oirthuaisceart. Cá bhfuil Contae Shligigh?

Féach siar ar an léarscáil a bhí agat ar lch 19 den leabhar seo. Cum ceisteanna do na daoine eile sa ghrúpa. An bhfuil Fraincis, Gearmáinis nó Spáinnis á ndéanamh agaibh? An féidir leat ceisteanna ar an dul céanna a chumadh bunaithe ar an léarscáil atá agaibh in bhur leabhair Fhraincise, Ghearmáinise nó Spáinnise? Céard faoi chluiche Fíor nó Bréagach a imirt?

Mar shampla:
Tá Marseille in Iarthar na Fraince – Bréagach.

Tabhair faoi deara an tslí ina n-athraíonn ainmneacha tíortha sa tuiseal ginideach.

Éire: Iardheisceart na hÉireann
An Ghearmáin: Tuaisceart na Gearmáine
An Fhrainc: Oirthear na Fraince
An Spáinn: Iarthuaisceart na Spáinne.

Féach uimh. 12. sa leabhar saothair

13 An ghaoth

Déantar cur síos ar an ngaoth i dtéarmaí an treo as a dtagann sí:

An ghaoth aduaidh
An ghaoth aniar
An ghaoth anoir
An ghaoth aneas

Anois, cén Ghaeilge atá orthu seo?
An ghaoth ón iarthar?
An ghaoth ón tuaisceart?
An ghaoth ón deisceart?
An ghaoth ón oirthear?

Ar chuala tú an dán seo riamh? An bhfuil sé fíor?

An ghaoth

An ghaoth aduaidh,
bíonn sí crua,
is cuireann sí gruaim ar dhaoine.

An ghaoth anoir,
bíonn sí tirim,
is cuireann sí brait ar chaoirigh.

An ghaoth aneas,
bíonn sí tais,
is cuireann sí rath ar shíolta.

An ghaoth aniar,
bíonn sí fial,
is cuireann sí éisc i líonta.

gruaim: brón, *depression*
tais: fliuch, *damp*
rath: an t-ádh, *good luck*
síolta: *seeds*

brait: olann, cótaí
ar chaoirigh: *on the sheep*
fial: flaithiúil, *generous*
líonta: *nets*

Freagair na ceisteanna seo i do chóipleabhar.

1   Cén ghaoth a thaitníonn leis na hiascairí? Cén fáth?
2   Cén ghaoth a thaitníonn leis na feirmeoirí? Cén fáth?
3   Cén ghaoth nach maith leis na daoine? Cén fáth?
4   Cén ghaoth a choimeádann an chaora te?
5   An maith leatsa an ghaoth? Cén fáth?

An raibh a fhios agat?

Tá ceithre chúige in Éirinn.
Ach an bhfuil aon chiall leis sin: ceithre chúige? Tá, nuair a bhíonn a fhios agat go raibh an cúigiú cúige ann fadó. B'in cúige an ardrí – Contae na Mí agus Contae na hIarmhí, dáiríre. Sin an fáth a dtugann muintir na Mí 'Contae na Ríthe' ar an gcontae féin; ach tugann muintir Chiarraí 'An Ríocht' orthu féin – an bhfuil a fhios agat cén fáth?

Féach siar ar leathanach 19, ar an liosta de na contaetha ar fad a bhaineann le gach cúige – an bhfuil aon rud suimiúil ar eolas ag aon duine sa rang faoi aon cheann acu? An raibh a fhios agat nach raibh na bóithre rómhaith fadó in Éirinn? Bhí an tír clúdaithe le coillte agus go minic bhí sé níos éasca dul ó áit go háit i mbád. Ach bhí cúpla mórshlí ann agus gach ceann acu ag tarraingt ar an áit chéanna – sea, Teamhair i gContae na Mí.

Tagann ainmneacha na mbailte agus na sráidbhailte in Éirinn ón tseanaimsir freisin. An bhfuil a fhios agat cén bhrí atá le hainm do bhaile féin? An bhfuil aon cheann de na focail seo ann: *Bally, Kil, Ath, Glen*? Tagann siad seo díreach ó na chéadainmneacha Gaeilge a bhí acu: Baile, Cill, Áth agus Gleann. Uaireanta tagann siad ó na crainn nó ó na haibhneacha a bhí sa tslí ar na daoine a bhí ag iarraidh dul ar thuras fadó, mar shampla: Cill Dara, Baile Átha Í nó Gleann Dá Loch.

Uaireanta eile bíonn ainmneacha daoine tábhachtacha a bhí ina gcónaí san áit fadó mar ainm ar an áit, mar shampla Cruach Phádraig, Baile an Fheirtéaraigh, Baile Átha Fhirdhia.

Is féidir leat breis eolais a fháil faoi ainm do bhaile féin agus ainmneacha bailte na hÉireann (nó Logainmneacha) trí scríobh chuig:

Brainse na Logainmneacha, An tSuirbhéireacht Ordánais, Páirc an Fhionnuisce, Baile Átha Cliath 8.

14   Seanfhocail faoin aimsir

Is olc an ghaoth nach
séideann do dhuine éigin

Ní hé lá na báistí lá na bpáistí

Ní hé lá na gaoithe lá na scolb.

Ábhar machnaimh / plé

1   Cad a chiallaíonn na seanfhocail seo? An féidir leat smaoineamh ar scéal a thaispeánann go bhfuil siad fíor? Inis do do chara é nó scríobh i do chóipleabhar é.

2   An bhfuil aon seanfhocal eile faoin aimsir ar eolas agat in aon teanga? Céard é?

3   Cum 'seanfhocail nua' faoi ábhar ar bith, ag tosú le 'Ní hé...'

Cúinne na Gramadaí!

Bíonn na briathra seo le   cloisteáil go minic ar
réamhaisnéis na haimsire:

scaip: *to scatter*   bí: *to be*   leath: *to spread*
glan: *to clear*   lean: *to continue / to follow*
    San aimsir fháistineach is mó a chloisfidh tú iad.

San aimsir fháistineach is mó a chloisfidh tú iad.

	-faidh	-fidh	-óidh	-eoidh	eile
Scaip		÷			
Glan	÷				
Leath	÷				
Bí					beidh
Lean	÷				
Críochnaigh			÷		
Éirigh				+	

a bheas = a bheidh

Féach uimh. 15-18 sa leabhar saothair

Léamhthuiscint
Léigh an sliocht seo agus ansin bain triail as na ceisteanna ar lch. 173.

SEANFHEAR CLISTE

Bhí fear ann fadó agus bhíodh a fhios aige i gcónaí conas mar a bheadh an aimsir. Nuair a bhíodh pian ina chos bhíodh a fhios aige go raibh báisteach ag teacht. Ní raibh teilifís ann ag an am, mar sin bhí sé an-úsáideach go raibh an scil seo aige.

Aon uair a mbíodh éadaí fliucha le cur amach ar an líne bhíodh ar na páistí dul agus fiafraí den seanfhear, 'An mbeidh sé fliuch nó tirim amárach?' An freagra a bhíodh ag an seanfhear seo ná 'Fan go mbainfidh mé díom mo bhróg agus beidh a fhios agam.' Dá mbeadh pian sa chos aige bheadh a fhios aige go mbeadh sé ag cur báistí, ach dá mbeadh an cos ceart go leor bheadh an ghrian ag taitneamh go hard sa spéir.

Bhí gach duine sásta leis an seanfhear seo agus aon uair a mbíodh na hiascairí ag dul amach chuiridís ceist air an mbeadh aon stoirm ann. Ansin, agus iad ag filleadh abhaile bhíodh iasc breá don dinnéar ag an seanfhear. Aon uair a mbíodh móin le baint chuiridís ceist ar an seanfhear, 'An mbeidh sé ag cur báistí an tseachtain seo?' Nuair a bhíodh an mhóin tirim, d'fhágaidís cúpla fód móna ag an doras agus bhíodh tine bhreá ag an seanfhear i gcónaí.

Tharlaíodh an rud céanna nuair a bhíodh síolta le cur nó móin le baint – níorbh fhéidir le haon duine aon obair a dhéanamh gan ceist a chur ar an seanfhear, 'Cén sórt aimsire a bheidh againn?' Agus i gcónaí bhíodh bronntanas beag ann dó. Bhí bia agus teas aige i gcónaí; bhí daoine ag teacht ar cuairt aige ó mhaidin go hoíche agus, mar sin, bhí sé breá sásta leis féin.

Ansin tháinig Oifig an Bhord Sláinte go dtí an áit. Thug an dochtúir óg cuairt ar an seanfhear seo. 'Bain díot do bhróg, más é do thoil é,' ar sí. 'Beidh sé ag cur báistí go trom tráthnóna,' arsa an seanfhear. 'Tóg leat do charr nó beidh tú fliuch báite'. 'An-suimiúil,' arsa an dochtúir óg. 'Is obráid an-simplí í na laethanta seo; ní thógfaidh sé ach cúpla soicind'. 'Ó, tá sé an-simplí go deo,' arsa an seanleaid. 'Nuair a bhíonn pian sa chos beidh sé ag cur báistí, nuair nach mbíonn aon phian ann tá a fhios agam go mbeidh an ghrian ag taitneamh'. 'Is ea' arsa an dochtúir óg. 'An ionga atá ag cur isteach ort. Fan socair. Anois! Ghearr mé í! Conas atá tú anois?'

D'fhéach an seanfhear uirthi le huafás. Ní raibh sé in ann focal a rá. Conas a mbeadh a fhios aige faoin aimsir anois? An dtiocfadh aon duine ar cuairt chuige anois? Bhí sé róshean le dul ag obair. Céard faoin mbia agus an teas? Ní raibh ach rogha amháin aige. Chuaigh sé go dtí an teileafón ag oifig an phoist. Chuir sé glaoch ar a mhac sa chathair.

I gceann cúpla lá bhí ionadh ar an dochtúir nuair a chuala sí daoine ag rá go raibh an seanfhear níos fearr ná riamh. 'Tá a fhios aige conas mar a bheidh an aimsir i gceann seachtaine,' arsa bean an tsiopa léi. 'Is ea agus ní hamháin anseo ach i Sasana freisin'.

Raidió a chuir an mac abhaile chuig an seanfhear agus bhí sé ag éisteacht le réamhaisnéis na haimsire gach oíche roimh dhul a chodladh.

Sula bhfreagraíonn tú na ceisteanna ar lch. 173, léigh Cúinne na Gramadaí thíos.

Cúinne na Gramadaí!

An bhfuil a fhios agatsa faoin aimsir ghnáthchaite? Úsáidtear an aimsir seo sa Ghaeilge chun labhairt faoi rudaí a tharla ag amanna éagsúla (scartha ó chéile) san am a chuaigh thart. Tagann focail mar seo ina dhiaidh go minic:

de ghnáth   uaireanta
gach lá   go minic
anois is arís

Samplaí:
Bhíodh Seán déanach (*Seán used to be late*) don scoil gach lá nuair a bhí sé óg.
Chuirinn (*I used to put*) airgead sa bhanc go minic nuair a bhí mé níos óige.

Chonaic tú na samplaí seo a leanas sa sliocht thuas:

bhíodh ar na páistí: *the children used to have to*
chuiridís ceist air: *they used to ask him*
d'fhágaidís: *they used to leave*
Tharlaíodh an rud céanna: *the same used to happen*

172

Ceisteanna

1. Conas a raibh a fhios ag an seanfhear cén sort aimsire a bheadh ann ag tús an scéil?
2. Cén fáth gur mhaith an rud é do na daoine go raibh an scil seo ag an seanfhear?
3. Céard a rinne an dochtúir don seanfhear?
4. Conas a raibh a fhios ag an seanfhear faoin aimsir roimh dheireadh an scéil?

1. Cén t-eolas atá sa scéal seo faoin obair a bhíodh á déanamh in Éirinn fadó?
2. Déan amach liosta de na rudaí a chruthaíonn nár tharla an eachtra seo céad bliain ó shin.
3. Céard a cheap na daoine faoin seanfhear?

Tá a lán bealaí ag daoine chun an aimsir a dhéanamh amach. An bhfuil aon cheann ar eolas agat? Is féidir leis an rang liosta a dhéanamh amach agus iad a scríobh ar an gclár dubh nó ar phóstaer. An mbíonn siad ceart i gcónaí?

Mar shampla:
Nuair a bhíonn dath dearg ar an spéir gheal san oíche beidh an ghrian ag taitneamh ar maidin.
Nuair a bhíonn na fáinleoga ag eitilt go híseal beidh sé ag cur báistí go luath.
Nuair a bhíonn na faoileáin i lár tíre beidh stoirm ar an bhfarraige.

20 Tionchar na haimsire

Bíonn tionchar ag an aimsir ar gach duine.

Nuair a bhíonn sé ag cur báistí…

Nuair a bhíonn sé ag cur sneachta…

bím fliuch go craiceann.

Nuair a bhíonn an ghrian ag taitneamh…

bím ag cur allais.

bím ar crith leis an bhfuacht.

173

nuair a bhíonn tintreach is toirneach ann ...	nuair a bhíonn sé ró-the ...	nuair a bhíonn sé go deas ...

bím ar crith le heagla.	bím dóite ag an ngrian.	bím breá sásta.

. . . GLUAIS

tionchar: *influence*
ar crith: *shaking*
báite: *drowned*
allas: *sweat*

 Obair bheirte

Féach siar go lch. 162 agus ansin cuir ceisteanna ar do chara chun a fháil amach cén tionchar a bhíonn ag an aimsir air / uirthi.

Mar shampla:
Conas a bhíonn tú nuair a bhíonn sé grianmhar?

Féach uimh. 21 sa leabhar saothair

22 Amhrán duit!

Éist leis an amhrán agus ansin freagair na ceisteanna sa leabhar saothair (uimh. 22).

Tintreach agus Toirneach le Tadhg Mac Dhonnagáin

I 1966, chaith muid lá faoin staighre
I bhfolach ó fhathach na stoirme
Ba scalltáin muid istigh i nead fáinleoga
Ag comhaireamh na mílte idir sinn is an bás.

Curfá
Tintreach agus toirneach agus 'Sé do bheatha Mhuire
Tintreach agus toirneach ar feadh an lae
Tintreach agus toirneach agus 'Sé do bheatha Mhuire'
Is méaracha mo mháthar ag slogadh clocha maidrín.

Tá Dia ár nAthair ag tógáil cistine sna Flaithis
Nach gcloiseann sibh É, a ghasúir ag carnadh cloch
Is chonaic mé aghaidh na Maighdine, lán gliondair,
Lena naprún is a citeal nua leictreach.

Bhí ár nAthair ar Neamh ag déanamh an diabhail leis an tintreach.
Bhí ár n-athair saolta ar an mbóthar i mbaol a bháis
A Dhia sna hAird a chruthaigh an t-úll is an gairdín
Éist linn abhus dod' adhradh faoin staighre.

(Tógtha ón albam *Raifteirí san Underground*)

... GLUAIS

i bhfolach: *hiding*
fathach: *giant,* fear mór
scalltáin: éiníní, *fledglings*
ag comhaireamh: a haon, a dó, a trí, srl.
ar feadh: *all through*
méaracha: *fingers*
ag slogadh: *swallowing up*
paidrín: *rosary beads*
ag tógáil: *building*
Flaithis: neamh, *heaven*
ag carnadh: *collecting, piling up*

aghaidh na Maighdine: *the Virgin's face*
gliondar: áthas
naprún: *apron*
ag déanamh an diabhail: *up to devilment*
athair saolta: *real father*
i mbaol: *in danger of*
a chruthaigh: *who created*
abhus: anseo
adhradh: *adoring*

175

Léamhthuiscint

Bíonn tionchar difriúil ag saghsanna éagsúla aimsire orainn. Bhí eagla ar Thadhg agus ar a Mhamaí roimh an stoirm ach tá an aimsir mhaith dainséarach freisin. Léigh an píosa comhairle seo ó *Mahogony Gaspipe.*

Samhradh Slán...

Tabhair Aire Duit Féin!!!

Tá tú óg, tá tú álainn (nó sin a cheapann tú!), tá an samhradh ag teacht ... Is ea, an samhradh: laethanta fada cois trá, tráthnónta rómánsacha ag cogarnaíl i gcluasa do ghrá ghil, oícheanta draíochta i gcathracha aolbhána ...

Beagáinín beag míréadúil? B'fhéidir. Ach níl dabht ná gur séasúr iontach é an samhradh nuair atá tú i do dhéagóir. Tá tú saor ón scoil, b'fhéidir go bhfuil cúpla punt i do phóca de bharr an phoist pháirtaimseartha sin. Tá do shaol ar fad romhat, níl ort ach do dhá láimh a shíneadh amach agus breith air!

Timpistí

Ach tarlaíonn a lán timpistí sa samhradh freisin, go háirithe do dhaoine óga. Mar sin, seo roinnt pointí arbh fhiú a bheith ag cuimhneamh orthu agus tú ag baint spóirt agus suilt as an dea-aimsir (má thagann sí!).

Ar an Trá...
- Bí ag faire amach le haghaidh gloine bhriste, cannaí meirgeacha, nó clocha géara a dhéanfadh ribíní de do chosa bochta! Ná rith cosnocht mura bhfuil tú cinnte nach bhfuil tada contúirteach faoin ngaineamh.
- Ná téigh ag snámh leat féin, nó tar éis béile! Má thógann tú aon rud a chuirfeadh tuirse ort (taibléid nó druga ar bith – alcól san áireamh!) fan glan amach ón uisce!
- Ná téigh ag snámh in aice le píobáin séarachais – nó má tá cuma shalach ar an uisce, tar amach as an fharraige láithreach.
- Coinnigh súil amach le haghaidh smugairlí róin! Déanann siad níos mó ná 'suí ar a dtóin ag déanamh bróin!'
- Ná caith bruscar. Tá sé salach agus contúirteach. Bristear buidéil, agus gearrtar cosa. Maraíonn málaí plaisteacha rudaí beaga – páistí san áireamh!

Faoin nGrian
- Ná luigh faoin ngrian riamh gan chosaint éigin ar do chraiceann. Is féidir ailse craicinn a fháil mar seo!
- Ná caith cumhrán agus tú ag luí faoin ngrian. Ní maith le cumhráin teas mór mar sin, agus d'fhéadfá gríos an-tinn a fháil dá bharr.
- Nuair atá an aimsir te ná luigh amuigh faoin ngrian idir meán lae agus a dó a chlog. Agus NÁ tit a chodladh faoin ngrian. B'fhéidir go ndúiseoidh tú san ospidéal!!!
- Cuimhnigh gur féidir le gathanna gréine dul tríd an uisce; mar sin bí cúramach agus tú ag snámh san fharraige.
- Cuimhnigh gur féidir leis an ngaoth tú a dhó freisin; mar sin bí cúramach agus tú ag bádóireacht, nó ag clársheoladh.

Thar Lear...
- Má bhíonn tú i dtír the an samhradh seo, faigh amach an féidir an t-uisce a ól ar dtús. Mura féidir, ná glac le leac oighir i ndeochanna a cheannaíonn tú. Ól uisce as buidéil.
- Ná fan go dtí go dtagann tinneas boilg ort chun leigheas a lorg. Tabhair rud éigin leat!
- Bí an-chúramach faoi do shláinteachas pearsanta. Nigh do lámha i gcónaí tar éis duit dul chuig an leithreas – agus roimh bhéile a ithe.
- Bain an craiceann de thorthaí úra. Is breá le frídíní iad freisin!

Mahogany Gaspipe,
Samhradh 1991

. . . GLUAIS

comhairle: *advice*
rómánsach: *romantic*
ag cogarnaíl: *whispering*
draíochta: *magical*
cathracha aolbhána: *whitewashed cities*
míréadúil: *unrealistic*
a shíneadh: *to stretch*
breith ar: *grab it*
go háirithe: *especially*
ag cuimhneamh: *remember*
ag faire amach: *watch out for*
meirgeach: *rusty*
cosnocht: *barefoot*
tada contúirteach: *nothing dangerous*
gaineamh: *sand*

san áireamh: *included*
píobáin séarachais: *sewage pipes*
láithreach: *immediately*
coinnigh: coimeád
smugairlí rón: *jellyfish (seals' spit)*
cosaint: *protection*
ailse: *cancer*
cumhrán: *perfume*
gríos: *rash*
gathanna gréine: *sun rays*
a dhó: *burn*
clársheoladh: *windsurfing*
thar lear: *abroad*
sláinteachas pearsanta: *personal hygiene*
torthaí úra: *fresh fruit*
frídíní: *germs*

Ceisteanna

1 Cén fáth a mbíonn an samhradh go hiontach nuair a bhíonn tú i do dhéagóir?
2 Cén fáth nár chóir duit rith cosnochta?
3 Luaigh trí rud gur gá smaoineamh orthu sula dtéann tú ag snámh.
4 Cén fáth a bhfuil dó gréine dainséarach?
5 Luaigh trí rud a gcaithfidh tú a bheith cúramach fúthu nuair a théann tú thar lear.

Tasc scríofa

Comhairle

Tá grúpa ó do scoil ag dul ar thuras sciála go dtí Innsbruck san Ostair. Scríobh alt d'iris na scoile ag cur comhairle orthu mar gheall air.

Is féidir leat na pointí seo a lua:

- Fuacht agus teocht; na héadaí a bheidh ag teastáil uathu
- an ghaoth agus an ghrian – dó agus cosaint
- caitheamh aimsire – trealamh
- briseadh agus leonadh cnámh
- Foclóir Gearmáinise

An Ostair: *Austria*
leonadh: *spraining*

Féach uimh. 24 agus 25 sa leabhar saothair

26   Na séasúir

D'fhoghlaim tú na míonna in Aonad 1. Féach orthu arís anois agus ansin scríobh iad i do chóipleabhar faoi na séasúir chuí. Tá an t-earrach déanta duit – déan féin an chuid eile!

Eanáir
Feabhra
Márta
Aibreán
Bealtaine
Meitheamh
Iúil
Lúnasa
Meán Fómhair
Deireadh Fómhair
Samhain
Nollaig

An t-earrach	An samhradh	An fómhar	An geimhreadh
Feabhra			
Márta			
Aibreán			

Cén t-eolas breise atá agat ar na focail seo a chabhróidh leat cuimhneamh orthu? Scríobh síos é!

Mar shampla:

Eanáir: An chéad mhí den bhliain, an tríú mí den gheimhreadh.
Cosúil le *Januar* sa Ghearmáinis nó *Janvier* sa Fhraincis.

Deireadh Fómhair: An mhí dheireanach den fhómhar.

Lúnasa: An dara mí den fhómhar. Bíonn an ghealach lán – cosúil le *Lunacy* i mBéarla!

Ceist: Bíonn trí mhí i ngach seasúr
bíonn trí mhí i ráithe
bíonn ráithe i ngach seasúr
ach ní chiallaíonn ráithe 'seasúr'.
Cad a chiallaíonn 'ráithe'?

Féach uimh. 27-29 sa leabhar saothair

30   Ag brath ar an aimsir

Bíonn go leor rudaí ag brath ar an aimsir.

Nuair a bhíonn sioc ann bíonn an talamh róchrua don fheirmeoir de ghnáth.

Nuair a bhíonn báisteach an-trom ann ní bhíonn cluichí páirce ar siúl de ghnáth.

Cúinne na Gramadaí!

An aimsir láithreach den bhriathar **bí** atá le fáil sna habairtí thuas – tá siad ag caint faoi rudaí a tharlaíonn de ghnáth.
Ach má chuireann tú **má** roimh an mbriathar céanna sin, is ag caint faoin am atá le teacht a bhíonn tú ansin.

Mar shampla:
Má bhíonn báisteach ann amárach, **beidh** orm fanacht istigh.
Má bhíonn sé gaofar amárach, **rachaidh** mé amach ag seoltóireacht.

Féach uimh. 31-32 sa leabhar saothair

Go minic bíonn rudaí curtha ar ceal mar gheall ar an aimsir. Féach ar na fógraí seo thíos agus freagair na ceisteanna a ghabhann leo.

Seó na bPuipéad faoin aer

Ionad na bPái

Barra an Tea

3.00pm Dé S   14 Márta

Saoro   each ach do
shuío   a thabhairt leat

Paper-maché ón Ind
is ón Áis!

*Curtha ar ceal toisc báisteach throm.
Dáta nua le fógairt gan mhoill.*

Is oth le Coiste an Daingin a fhógairt go gcuirfear

Rásaí na gCurrach ar ceal má leanann an drochaimsir. Má tá luas gaoithe os cionn 5 mhíle san uair ann ar maidin ní bheidh currach ar bith in ann dul amach ar an bhfarraige. Bígí ag éisteacht le réamhaisnéis na haimsire ar Raidió na Gaeltachta nó féachaigí ar chlár na bhfógraí anseo arís don nuacht is déanaí ina leith.

— 31 ú Iúil

Saoire Saoire

Ní féidir an turas speisialta sciála a ofráil toisc go bhfuil an dea-aimsir fós in Andorra – tá an sneachta uilig ag leá agus ní dóiche go sroichfear an reophointe arís i dtuaisceart na Spáinne go dtí an bhliain seo chugainn. Gabhann Saoire Saoire leithscéal lena gcustaiméirí uilig faoi seo, ach is féidir linn coicís spaisteoireachta sna sléibhte céanna a ofráil ina áit. Iad siúd gur mhian leo aisíoc a fháil ar a gcuid airgid, ni mór dóibh dul i dteagmháil lenár n-aturnaetha:

de Brún
6 Cé Árann
Baile Átha Cliath 2.

. . . GLUAIS

ar ceal: *cancelled*
Ionad: *centre*
toisc: mar
fógairt: *announce*
gan mhoill: *without delay*
Is oth le: *sorry*

coiste: *committee*
ina leith: *about it*
spaisteoireacht: *walking*
aisíoc: *repayment*
i dteagmháil: *in touch*
aturnaetha: *solicitors*

Ceisteanna

1 Céard tá curtha ar ceal toisc na dea-aimsire?
2 Cad is féidir le daoine ar theastaigh uathu dul ag sciáil a dhéanamh anois?
3 Cén fáth go mb'fhéidir go gcuirfear Rásaí na gCurach ar ceal?
4 Conas a mbeidh a fhios ag daoine go bhfuil Rásaí na gCurach curtha ar ceal nó ar siúl?
5 Cén fáth ar chuir an bháisteach isteach ar an Seó Puipéad?

Féach uimh. 34 agus 35 sa leabhar saothair

Is breá le gach éinne an samhradh ach an bhfuil sé sin fíor i gcás na beirte atá ag canadh thíos? Éist leis an dá amhrán ar an téip, léigh na focail agus freagair na ceisteanna i do leabhar saothair (uimh. 36 agus 37) sula ndéanann tú suas d'intinn.

Tiocfaidh an samhradh

Amhrán na ndaoine – ní fios cé a chum

Tiocfaidh an samhradh agus fásfaidh an féar
Tiocfaidh an duilliúr glas ar bharr na gcraobh
Tiocfaidh mo rúnsearc le bánú an lae
Agus buailfidh sí tiún suas le cumha mo dhiaidh

Mo bhrón ar an bhfarraige, mar is í atá mór
'S í atá ag gabháil idir mé 's mo mhíle stór
D'fhág sí ar an mbaile seo mé ag déanamh bróin
'S gan aon súil chasta agam choíche níos mó.

Scairt mé aréir ag an doras thall
Scairt mé arís ar mo ghrá go teann
'S é dúirt a Daidí liom nach raibh sí ann
Gur éalaigh sí aréir leis an mBuachaill Bán

Shiúil mé soir agus shiúil mé siar
Shiúil mé go Corcaigh agus go Baile Átha Cliath
Shiúil mé an baile seo faoi dhó le bliain
Ag iarraidh mo stóirín a bhain díom mo chiall

. . . GLUAIS

duilliúr: *leaves, foliage*
craobh: géag, *branch*
mo rúnsearc: mo grá geal
bánú an lae: maidin, éirí na gréine
buailfidh sí tiún: casfaidh sí amhrán /
    seinnfidh sí port
cumha: brón, briseadh croí, *nostalgia*
ag gabháil: ag dul

gan aon súil: gan dóchas, *without hope*
casta: *to meet*
choíche: riamh
scairt mé: ghlaoigh mé, bhéic mé
éalaigh: *escaped, eloped*
Buachaill bán: a grá geal, *the golden-
    haired boy, the white boy, the rebel*

Bolg le Gréin

Tadhg Mac Dhonnagáin
(Ceol: Sonny Condell; focail: Tadhg Mac
Dhonnagáin)

Comhrá colúr ag teacht ón gcoill
Ba ag innilt ar an gcnocán
Bain díot do chóta geimhridh
Déan bolg le gréin, bolg le gréin.

Sioc is clábar, feadh an gheimhridh
Sruthán tostaithe, cosa fuar
Ó shin i leith, leáigh an t-uisce
Bhíog na héisc.

Curfá
Grian mhór ag lonrú sna bláthanna buí
Duilleoga ag sioscarnach sa ghaoth

Clog an aingil, taobh thall den chnoc
Caipín bainte ag an seanfhear
Tá na seacht sraith ar an iomaire
Is muid ar ár nglúine

Curfá
Sioc is cláb ar feadh an gheimhridh
Sruthán tosaithe, cosa fuar
Ó shin i leith, leáigh an t-uisce
Bhíog na héisc.

(Tógtha ón albam *Solas Gorm*)

. . . GLUAIS

colúir: *pigeons*
ag innilt: ag ithe féir, *grazing*
clábar: *mud*
sruthán: *stream*
tostaithe: *silenced*
leáigh an t-uisce: *the water became
    unfrozen*

bhíog: léim
ag lonrú: ag soilsiú
ag sioscarnach: *rustling*
sraith: *drill and ridge for potatoes*
iomaire: *ridge*

Aonad 8

Laethanta Saoire

San aonad seo foghlaimeoidh tú conas:

- cineálacha éagsúla lóistín a ainmniú
- na rudaí a thugann daoine leo ar laethanta saoire a ainmniú
- labhairt faoi chúrsaí taistil
- labhairt faoi na rudaí a dhéanann daoine ar a laethanta saoire
- labhairt faoin saol laethúil i gcoláiste samhraidh
- tuairimí a chur in iúl faoi bhia/lóistín

Gramadach!

Céimeanna Comparáide na hAidiachta

Ar feadh agus an Tuiseal Ginideach

1 Ag fanacht thar oíche

Óstán

Lóistín

Brú óige

Leaba shingil

Leaba dhúbáilte

Suanlios

Bialann

Féinfhreastal

Rothair ar Cíos £5

Rothair ar cíos

Teach saoire

Gníomhaireacht taistil

Taistealaí

Láithreán Campála

Carbhán

In áirithe

Puball

Féach uimh. 2 agus 3 sa leabhar saothair

Tasc scríofa nó labhartha

1 Déan amach liosta de na rudaí gur féidir leat a dhéanamh in Éirinn agus na rudaí gur féidir a dhéanamh i dtír amháin eile ar laethanta saoire.

2 Teastaíonn uait dul áit amháin ar do laethanta saoire ach teastaíonn ó do dhearthair nó dheirfiúr dul áit eile. Cén comhrá a bheadh eadraibh? (Féach siar go lch. 165 agus 166 le cabhair a fháil).

Díospóireacht ranga

Is í Éire an tír is fearr ar domhan le laethanta saoire a chaitheamh inti.

4   Ag dul ar laethanta saoire / ag pacáil

Déan na focail seo thíos a mheaitseáil leis na pictiúir. Déan amach cairt cosúil leis an gceann thall i do chóipleabhar.

Scríobh amach na cinn nach raibh tú cinnte fúthu i do leabhar nótaí.

1	mála droma	12	seiceanna taistealaithe	22	seacláid
2	airgead			23	pas
3	culaith snámha	13	mála codlata	24	cóta báistí
4	t-léine	14	jíons	25	geansaí
5	bindealán	15	reathairí	26	ola ghréine
6	scuab fiacla	16	táibléid thaistil	27	tuáille
7	canna pónairí	17	taos fiacla	28	gallúnach
8	bainne	18	caife	29	tae
9	puball	19	siúcra	30	calóga arbhair
10	scian	20	compás		
11	raidió	21	léarscáil		

Obair bheirte / Tasc scríofa

Tá tú féin agus do chara ag dul ag campáil don deireadh seachtaine. Tá cead agaibh deich rud an duine a thógáil libh. Scríobh amach liosta de na fiche rud a thabharfaidh sibh libh. Abair cén fáth go dtabharfaidh sibh na rudaí sin libh.

5 Is deacair gach duine a shásamh

Ábhar plé nó tasc scríofa

Seo é Eoin. Is buachaill ard é. Is maith leis bheith ag imirt peile agus ag léamh. Tá an-suim aige i bplandaí agus in ainmhithe. Níl cead aige bainne a ól ná aon bhia a bhaineann le bainne a ithe. Is breá leis sacar agus peil ach ní féidir leis snámh.

Seo í Caoimhe. Is cailín craiceáilte í. Bíonn sí ag gáire agus ag pleidhcíocht i gcónaí. Níl eagla uirthi roimh rud ar bith ach amháin damhán alla. Is breá léi éirí go luath.

Seo é Ciarán. Bíonn sé i gcónaí i dtrioblóid ach níl sé dána – tá sé fiosrach. Cuireann sé ceist faoi gach rud. Is breá leis bheith ag léamh agus éistíonn sé le ceol. Ní imríonn sé cluichí ach is maith leis bheith ag siúl agus ag snámh. Ní itheann sé bia úr, mar shampla glasraí nó torthaí – is fearr leis bia a thagann i gcannaí nó i bpaicéid. Tá sé an-chróga ach amháin san oíche – tá eagla air roimh an dorchadas.

Seo í Gráinne. Tá sí an-láidir agus aclaí. Is breá léi bheith amuigh faoin spéir. Ní maith léi bheith ag léamh nó ag éisteacht le ceol. Itheann sí agus ólann sí gach rud, níl sí pioc piocach.

Bhuaigh Eoin, Gráinne, Ciarán agus Caoimhe duais i gcomórtas sa Chlub Óige. Tá siad ag dul ar feadh seachtaine go campa eachtraíochta i gContae Chill Mhantáin. Fuair siad an bróisiúr thíos. Léigh é agus abair céard iad na rudaí a thaitneoidh agus nach dtaitneoidh le gach duine acu. Is féidir leat liosta a dhéanamh amach i do chóipleabhar mar seo:

	sásta le	míshásta le
Beidh Eoin		
Beidh Caoimhe		
Beidh Gráinne		
Beidh Ciarán		

Deireadh Seachtaine Eachtraíochta

Ionad eachtraíochta de hÍde, 15 míle ó Bhaile Coimín

Síocháin! Sláinte! Saoirse!

Aoine:
- 6.00 Tae: pizza, sceallóga, tae / caife
- 7.00 Treodóireacht sna sléibhte
- 9.30 Suipéar; Arán donn / bán, cáis, mil, tae / caife
- 10.00 Leaba sa suanlios – lá fada amárach!

Satharn:
- 6.30 Snámh sa loch
- 7.00 Bricfeasta – Calóga arbhair, arán tíre, tae / caife
- 7.30 Dreapadh sléibhte
- 11.00 Curachóireacht
- 1.00 Lón: Ceapairí cáise / feola, cóc / oráiste
- 1.30 Rothaíocht BMX
- 3.00 Marcaíocht capaill
- 5.00 Dinnéar: cnónna rósta, glasraí úra, iógart, tae / caife
- 6.00 Siúlóid dúlra an cheantair
- 9.00 Bailiú málaí codlata don oíche faoin spéir.
- 10.00 Codladh faoi na réaltaí

Domhnach:
- 6.00 Snámh sa loch
- 6.30 Bricfeasta mar an Satharn
- 7.00 Treodóireacht
- 12.00 Curachóireacht
- 1.30 Lón: cáis, torthaí úra, iógart, tae / caife
- 22.30 Siúl go Baile Coimín, bus abhaile

Buntaistí an bhrú: Níl aon áiseanna nua-aimseartha le cur isteach ort – leictreachas nó uisce reatha.

Tascanna scríofa

1 Cén t-am a mbeidh ar Eoin, Caoimhe, Ciarán agus Gráinne éirí?
2 Cén fhad a bheidh orthu siúl chun an bus a fháil abhaile?
3 Cén difríocht atá idir an brú seo agus gnáthbhrú óige?
4 Cé mhéad imeachtaí difriúla atá ar fáil? Céard iad?
5 Scríobh cárta poist abhaile ón áit seo.
6 Scríobh an litir a chuirfeadh Eoin, Caoimhe, Gráinne nó Ciarán go dtí an t-ionad eachtraíochta ag gabháil buíochais leo as ucht an duais a thabhairt dóibh agus ag insint dóibh céard a cheapann siad faoi.
7 Scríobh an comhrá a bheadh idir Eoin agus Caoimhe nó idir Gráinne agus Ciarán agus iad ag pleanáil an deireadh seachtaine.

Féach uimh. 6 agus 7 sa leabhar saothair

8 Daoine cáiliúla

Tasc scríofa

Pioc duine amháin cáiliúil. Abair:
1 Cén áit a rachaidh sé ar laethanta saoire?
2 Cad a dhéanfaidh sé san áit sin?
3 Cé a rachaidh leis?
4 Cad a thabharfaidh sé leis?

Tá gearrliosta anseo thíos le tú a chur ag smaoineamh: Tom Cruise, Madonna, Bart Simpson, Demi Moore, Andy Townsend, Michael Carruth, Mary Robinson, Sonia O'Sullivan.

9 Modhanna taistil

Déan na focail seo thíos a mheaitseáil leis na pictiúir i do chóipleabhar. Déan amach cairt mar seo:

Uimhir	Rud
1	c

1 síobaire
2 peitreal
3 paisinéirí
4 ticéad singil
5 ticéad fillte
6 stáisiún traenach
7 aerfort
8 cé
9 stad an bhus
10 suíochán
11 clár ama
12 píolóta

Anois, déan na focail thuas a chur sna ranganna cearta i do chóipleabhar. Baineann cuid acu le níos mó ná modh taistil amháin.

Traein	Eitleán	Bád farantóireachta	Carr	Bus

Féach uimh. 10
sa leabhar saothair

Cúinne na Gramadaí!

Chonaic tú in Aonad 3 an tslí a gcuireann tú rudaí i gcomparáid le chéile. B'fhéidir gur cuimhin leat go n-athraíonn aidiachtaí de ghnáth i ndiaidh an fhocail **níos:**

–ach	-aí	m.sh. tábhacht**ach**	níos tábhacht**aí**
-each	-í	m.sh. aiste**ach**	níos aist**í**
-úil	-úla	m.sh. suimi**úil**	níos suimi**úla**

Tá aidiachtaí eile atá an-neamhrialta ar fad agus a athraíonn go mór:

mór	níos mó		maith	níos fearr
beag	níos lú		gearr	níos giorra
fada	níos faide		breá	níos breátha

Ag déanamh comparáide idir modhanna taistil

Déan comparáid idir gach péire focal thíos.

Mar shampla: bád   traein
Tá traein níos tapúla ná bád.

1   bus, rothar
2   eitleán, bád farantóireachta
3   carr, bus
4   traein, eitleán
5   bád farantóireachta, bus.

Obair ghrúpa

Tá muintir Mhic Ruairí ó oileán Thoraí
i nDún na nGall ag dul go Euro Disney
sa Fhrainc an samhradh seo chugainn.
Déanaigí amach an bealach is fusa
dóibh taisteal ann. Is féidir libh abairtí
mar seo a úsáid:

Tógfaidh siad bád go…
Rachaidh siad ar thraein go…

Féach uimh. 11 sa leabhar saothair

Tasc scríofa

Tá tú ag obair in oifig Bhord Fáilte i gCill Áirne, Baile Átha Cliath,
Leitir Ceanainn, Béal Feirste nó Cill Chainnigh …

1   Cum póstaer atá le cur san fhuinneog ag fógairt deireadh seachtaine san áit
do bheirt. Abair cá bhfanfaidh siad, cad is féidir leo a dhéanamh i rith an
lae agus san oíche, cá n-íosfaidh siad a mbéilte agus cé mhéad a
chosnóidh sé orthu.

nó

2   Scríobh an comhrá a bheadh agat le turasóirí atá ag iarraidh cúpla lá a
chaitheamh san áit. Abair leo cén áit ar féidir leo fanacht (tabhair cúpla
rogha dóibh), cad is féidir leo a dhéanamh i rith an lae agus san oíche agus
cé mhéad a chosnóidh gach rud.

Féach uimh. 12 sa leabhar saothair

13 Dánta duit!

A Léigh an dán seo thíos agus ansin cuir na pictiúir san ord ceart. Scríobh abairtí mar seo i do chóipleabhar: Téann pictiúr c le líne 1, Téann pictiúr …

(a)

(b)

(c)

(d)

An Samhradh
le Daithí Ó Diollúin

Tá na scoileanna dúnta,
An fhuiseog sa spéir
An feirmeoir gnóthach
Ag sábháil an fhéir.

Tá na leanaí ag súgradh
Cois coille is trá.
An ghrian gheal ag taitneamh
Ó mhaidin gach lá.

Cuairteoirí ag taisteal
Ar muir is ar tír.
Ag gluaiseacht le háthas
Soir is siar.

. . . GLUAIS

An fhuiseog: *the lark*   ag sábháil: *saving*
gnóthach: *busy*   soir is siar: *east and west*

Ceisteanna

1 Cad a dhéanann na leanaí sa samhradh?
2 Cad a dhéanann na feirmeoirí sa samhradh?
3 Conas mar a bhíonn an aimsir sa samhradh?
4 Conas a bhíonn na cuairteoirí ag taisteal?

Tasc scríofa

Céard iad na rudaí a thaitníonn nó nach dtaitníonn leat féin faoin samhradh? Scríobh dán nó aiste faoi na laethanta saoire ag léiriú do thuairim féin fúthu. Nuair a bheidh sé ceartaithe ag do mhúinteoir is féidir leat é a chur sa leabhar gearrthán nó ar phóstaer nó é a chur isteach i gComórtas Neamhardáin Shlógadh Náisiúnta.

B Léigh an dán seo thíos agus freagair na ceisteanna a théann leis.

Fáinleog

le Seán Ó hEachthigheirn

Bhí na fáinleoga ag filleadh go
   hÉirinn,
Ach bhí éan amháin ag gearán:
'Níl compás agam,' a dúirt sí
'Mar chaill mé mo sparán.'

Ba mhaith liom an nead a fháil,
Mar a bhí agam bliain ó shin.
Bhí cuileoga ar fud na háite,
Agus uisce glan sa linn.'

Bhuel, tháinig sí go hÉirinn
Agus ní fhaca sí an seanteach,
Ach chonaic sí scioból a thaitin léi,
'S chuaigh sí féin agus a leathéan
   isteach.

Rinne siad an nead faoin díon,
Le láib agus uisce ón loch,
Ag obair go déanach gach oíche,
Agus gach maidin ina suí go moch.

Bhí an chlann go sona sásta
Sa neaidín faoi dhíon an tí;
Bhí na cuileoga chomh mór le
   heilifintí,
Agus bhí linn snámha do gach
   ainmhí.

D'imigh siad abhaile san fhómhar,
Agus míle cuileog i gciseán.
'Bhí an t-ádh liom,' a dúirt an mháthair,
'An lá a chaill mé an sparán.'

. . . GLUAIS

fáinleoga: *swallows*
ag gearán: *complaining*
sparán: *purse*
cuileoga: *flies*

scioból: *barn*
a leathéan: *her partner*
díon: *roof*
ciseán: *basket*

Ceisteanna

1 Cá raibh na fáinleoga ag dul ar a laethanta saoire?
2 Cén fáth nach raibh compás ag an máthair?
3 Cén fáth ar theastaigh compás uaithi?
4 Cá háit a ndearna sí an nead nó teach saoire?
5 Cé a thug cabhair di an nead a thógáil?
6 Déan cur síos i d'fhocail féin conas a rinne siad an nead.
7 Cén fáth a raibh an teaghlach sásta leis an teach nua saoire seo?
8 Cathain ar imigh said abhaile?
9 Céard a thug siad leo?

COLÁISTE
CHOLMCILLE
Gaoth Dobhair

Cúrsaí 1994

5ú Meith - 26ú Meith
3ú Iúil - 24ú Iúil
24ú Iúil - 14ú Lún

Teileafón (01) 901205 • (075) 31229

Coláiste Gaeilge sa nGaeltacht

Coláiste
Chonnacht

An Spidéal, Co. na Gaillimhe

Dátaí
A 7/6/94-29/6/94
B 30/6/94-22/7/94
C 25/7/94-15/8/94

CONCOS
members

Irish Summer College in the Connemara Gaeltacht

coláiste gaeilge
1994
chúil aodha

Comhaltas Cosanta Gaeltachta Chuill Aodha Teoranta

CONCOS

Ball de Chomhchoiste
Náisiúnta na
gColáistí Samhraidh

...IS BRÍ NA hÓIGE

Ceisteanna

1   Cén fhad a mhaireann na cúrsaí i gColáiste Cholmcille?
2   Ainmnigh na saghsanna spóirt atá le fáil i gColáiste Chonnacht.
3   Cad iad na míonna a mbíonn cúrsaí ar siúl i gColáiste Chonnacht?
4   Cén áis atá le feiceáil i mbróisiúr Choláiste Chúil Aodha?

An raibh éinne sa rang i gcoláiste samhraidh riamh? Má bhí, is féidir leis / léi tuairisc a thabhairt don rang faoin am a chaith sé / sí ansin.

Cúinne na Gramadaí!

Úsáideann tú **ar feadh** nuair a bhíonn tú ag caint faoin méid ama a chaith tú áit éigin.

Mar shampla: Bhí mé i gCorcaigh ar feadh coicíse.
Go minic, athraíonn na focail a leanann
ar feadh:

seachtain	— ar feadh seachtain<u>e</u>
coicís	— ar feadh coic<u>íse</u>
mí	— ar feadh mí<u>osa</u>

Nóta
Úsáideann tú **coicís** (agus ní 'dhá sheachtain') sa Ghaeilge do f*ortnight*
agus *two weeks.*

15   Gnáthlá i gcoláiste samhraidh

Seo thíos clár an lae i gColáiste samhraidh:

Coláiste Cholmáin

9.00	Bricfeasta
10.00-12.45	Ranganna. Labhairt na teanga, díospóireachtaí, drámaíocht, amhránaíocht
1.00	Dinnéar
2.30-5.00	Imeachtaí na hiarnóna
	Snámh, cluichí ar an trá, iascaireacht, iomanaíocht, peil Ghaelach, sacar, cispheil, leadóg.
6.00	Tae
7.30-9.30	Imeachtaí an tráthnóna
	Céilí nó scóraíocht nó tráth na gceist bord nó dioscó
10.00	Suipéar
11.00	Leaba

Imeachtaí speisialta: turas go dtí na hoileáin agus turas siopadóireachta, treodóireacht agus tóraíocht órchiste, lá spóirt.

. . . GLUAIS

treodóireacht: *orienteering*   tóraíocht órchiste: *treasure hunt*

Ceisteanna

1   Cén t-am a mbíonn ar na daltaí éirí?
2   Cén sort ranganna a bhíonn le déanamh acu?
3   Cathain ar féidir leo dul ag snámh?
4   An mbíonn céilí ann gach oíche?
5   Ainmnigh spórt amháin nach féidir leo a imirt ag an gcoláiste seo.

Tasc scríofa

Lig ort féin go bhfuil tusa ag freastal ar Choláiste Cholmáin. Scríobh cuntas i do dhialann ar an gcaoi ar chaith tú an lá. Tosaigh mar seo:

Dé Luain 19 Iúil
D'éirigh mé ar leathuair tar éis a hocht. ___

20 Iúil

16   An lóistín sa Ghaeltacht

Léigh na litreacha seo thíos agus freagair na ceisteanna a thagann ina ndiaidh.

Tí Mháire Nic Gabhann
3 Iúil

A Mham is a Dhaid,

Tá gach rud go hiontach anseo sa Choláiste ach amháin an bia sa teach. Tá sé go huafásach! Ní féidir liom é a ithe. Bíonn strúisín againn gach lá — tá sé lán le torthaí — yuk. Ní féidir liom ceapairí a dhéanamh fiú mar níl aon arán bán sa teach — déanann bean an tí a harán féin — tá sé cosúil le cloch, brisfidh mé m'fhiacla air. An féidir libh £30.00 a chur chugam go beo mar tá ocras an domhain orm. Tá siopa sceallóg in aice leis an gcoláiste — gheobhaidh mé rud éigin ansin.

le grá,
Niamh.

Tí Mháire Nic Gabhann
4 Iúil

Hi, gach éinne,
Tá an teach seo go hiontach. Dá bhfeicfeadh sibh an bia atáimid ag fáil! Togha agus rogha gach glasra agus torthaí úra ón ngort. Tá sé go hálainn. Bhí goulash mairteola againn aréir — mmm — go haoibhinn agus, an gcreidfeadh sibh é, déanann bean an tí ceithre bhollóg aráin donn gach aon lá. Bíonn sé go hálainn le him agus subh. Beidh mé chomh ramhar le muc ag teacht abhaile!
Scríobhaigí ar ais go luath.

le grá
Síle

Tí Mháire Nic Gabhann
4 Iúil

A Mham,
Tá gach rud go breá anseo, buíochas le Dia. Chuir tú ceist orm mar gheall ar an mbia — ní féidir gearán a dhéanamh cé go bhfuil duine nó beirt ag tabhairt amach faoi. Tá gach rud glan agus úr agus déanta sa bhaile. Bhí goulash álainn againn aréir ach bhí cúpla cailín nár ith é toisc nár aithin siad aon rud ann! Tá cailín amháin anseo, Niamh is ainm di, nach n-itheann glasraí ar bith — riamh! Níl aon airgead fágtha aici mar chaith sí ar fad é ar mhilseáin. Bíonn sí ag brionglóideach faoi bhorgairí agus sceallóga ach tá an bhialann míle ón gcoláiste agus níl cead againn dul ann. Rud amháin nach dtaitníonn liom — cé go bhfuil sé sláintiúil — ní cheannaíonn bean an tí aon arán bán. Ba bhreá liom ceapaire cáise in arán siopa ach beidh orm fanacht go dtí go bhfillfidh mé. Ní mharóidh an t-arán donn mé, ach tá sé crua!

Le grá ó d'iníon,
Deirdre

Ceisteanna

1. Cá bhfuil na cailíní seo ag fanacht?
2. Céard a bhí le hithe acu ar oíche an 3 Iúil?
3. Cén saghas aráin a bhíonn acu sa teach seo?
4. Céard a cheapann Síle faoin mbia?
5. Céard a cheapann Niamh faoin mbia?
6. Cén saghas bia is fearr le Niamh?
7. Cén saghas cócaire í bean an tí? Mínigh d'fhreagra.
8. Cad air a chaithfidh Niamh an t-airgead, meas tú? Cuir fáth le d'fhreagra.
9. Ainmnigh saghas amháin bia a thaitníonn le Deirdre nach féidir léi a fháil go dtí go dtéann sí abhaile.

Féach uimh. 17 sa leabhar saothair

Cá bhfuil an Ghaeltacht? An bhfuil tusa i do chónaí sa Ghaeltacht? Tugtar an Ghalltacht ar áit ar bith in Éirinn nach bhfuil sa Ghaeltacht oifigiúil, ach labhraítear an-chuid Gaeilge in áiteanna eile. Bhí a fhios agat go raibh trí mhórchanúint sa Ghaeilge, ach an raibh a fhios agat go raibh Gaeltacht i gContae Chorcaí, Contae Phort Láirge, i lár Chontae Dhún na nGall, i gContae Mhaigh Eo agus i gContae na Mí? Conas ar tharla go bhfuil an Ghaeilge fós sna háiteanna seo agus nach bhfuil sí in áiteanna eile?

 Tá cúpla riail ann a chabhróidh leat na canúintí éagsúla a aithint. Éist leis an téip.

An Mhumhain	Connachta	Ulaidh
Béim ar an siolla deireanach	Béim chothrom	Béim ar an gcéad siolla
salach	salach	salach

Fuaim dhifriúil ar an bhfocal céanna:

An Mhumhain	Connachta	Ulaidh
anso	anseo	anseo
cnoc	croc	croc

Úsáideann siad focail dhifriúla uaireanta freisin agus iad ag caint faoin rud céanna:

An Mhumhain	Connachta	Ulaidh
gearrchaile	cailín	girseach
gabh i leith	goile	goitse

Is féidir leat breis eolais a fháil faoin nGaeltacht má fhéachann tú ar an bhfíseán *Tá sé ina lá*, atá ar fáil ó Bhord na Gaeilge, nó má léann tú na leabhair seo:

The Irish Language, Máirtín Ó Murchú, Aspects of Ireland, Series 10
A View of the Irish Language, Maureen Wall
The Death of the Irish Language, Reg Hindley 1991
The Irish Language in a Changing Society, Bord na Gaeilge 1992
20 Ceist faoin nGaeilge, Seán Ó Tuama, Conradh na Gaeilge

Is féidir leat an scéal a fhiosrú duit féin agus tionscnamh a bhunú air, nó díospóireacht ranga a bheith agaibh ar an gceist 'Cén fáth ar tháinig meath ar an nGaeilge?'

Ábhair tionscnaimh

– Fostaíocht sa Ghaeltacht, féachaint go háirithe ar Údarás na Gaeltachta, Roinn na Gaeltachta, Muintearas na nOileán, srl.
– Caitheamh aimsire sna Gaeltachtaí
– Difríochtaí idir an Ghaeltacht anois agus fadó
– Saol an duine óig Gaeltachta a chur i gcomparáid le saol duine óig Galltachta
– Mionteangacha Eorpacha i dtíortha eile
  (Cabhair ó Bhiúró Eorpach na Mionteangacha, Sráid Haiste, Baile Átha Cliath 2 agus ó Bhord na Gaeilge, 7 Cearnóg Mhuirfean, Baile Átha Cliath 2.)

18

Léamhthuiscint

Léigh na sleachta seo ó bhróisiúr Cheantar na nOileán agus ansin déan na ceisteanna fíor nó bréagach sa leabhar saothair (uimh. 18).

Ceantar na nOileán

Grúpa oileán é Ceantar na nOileán suite idir Cuan Chill Chiaráin agus Cuan an Fhir Mhóir, 35 míle siar ó Chathair na Gaillimhe Tá na hoileáin ceangailte den mhórthír le droichead a tógadh ag deireadh an chéid seo caite. Is iad Eanach Mheáin, Garmna, Leitir Móir agus Leitir Mealláin na príomhoileáin agus tá oileáin bheaga eile ag síneadh amach uathu. Mar a bheifeá ag súil leis i ndeisceart Chonamara, is í an Ghaeilge teanga labhartha na ndaoine. Tá an ceantar ar cheann de na ceantair is saibhre teangan agus cultúir sa nGaeltacht. I dteannta an tsaibhris chultúrtha seo, tá áilleacht nádúrtha dá cuid féin ag baint leis an gceantar seo. Cén fáth nach dtugann tú cuairt orainn agus an áit a fheiceáil duit féin?

Tránna
Is iad na tránna is mó a bhfuil tóir orthu sa gceantar ná an Trá Mhóir, Trá na Trá Báine, Trá Heuston, agus Trá an Chnoic. Tá na tránna seo breá sábháilte chun snámha agus an taoille glan.

Stair áitiúil / ionad oidhreachta
Tá léargas shuimiúl ar stair agus sheanchas na háite le fáil san Ionad Oidhreachta i dTír an Fhia. Tá bailiúchán breá anseo de shean-ghrianghraif agus doiciméid a thugann tusicint mhaith ar an tslí mhaireachtála a bhí ag muintir na háite fadó. Tá seanoirnisí ann a bhain leis na seancheirdeanna traidisiúnta agus chomh maith leis sin, feicfidh tú na cineáil éadaí a chaith an seandream. Bíonn an tIonad Oidhreachta ar oscailt sa samhradh ón 10.00 r.n. – 7.00 i.n.

Caife
Beatha baile
Ar oscailt 11.00 r.n.-6.00 i.n.
Seacht lá na seachtaine.

Lóistín
Maidir le lóistin sa gceantar, déan fiosrú san oifig eolais i dTír an Fhia.

Siamsaíocht

Tá cúig cinn de thithe ósta sa gceantar agus bíonn ceol eagraithe ina bhformhór le linn an tséasúir. Cuirfidh tú aithne ar mhuintir na háite agus cloisfidh tú an ceol agus an amhránaíocht thraidisiúnta.

Iascaireacht

Tá iascaireacht mhaith ar na hoileáin idir iascaireacht fharraige agus locha. Ronnachaí, scadáin agus mangachaí an t-iasc farraige is coitianta agus tá an breac rua le fáil sna lochanna.

Oifig Eolais

Tá an oifig seo lonnaithe san Ionad Oidhreachta.
Fón 81145 / 81155

Féilte

Bíonn dhá fhéile mhóra ar bun anseo le linn an tSamhraidh. Sin iad Féile na nOileán agus Féile Chuigéil. Is ar imeachtaí farraige is mó a bhíonn na féilte dírithe, rásaí curachaí, rásaí bád seoil agus comórtais iascaireachta. Ach bíonn imeachtaí ar talamh freisin ar nós comórtas amhránaíochta agus damhsa chomh maith le spórt agus craic. Roghnaítear Banríon na Féile as iomaitheoirí áitiúla agus ó thar lear. Is féidir tuilleadh eolais a fháil faoi na féilte seo ins an oifig eolais.

Portaigh / Tírdhreach

Tabharfaidh tú faoi deara gur talamh bocht atá sa gceantar agus feicfidh tú réimsí móra talamh sléibhe. Ba phortaigh a bhí anseo fadó ach baineadh an mhóin ar fad. Tá an charraig nochtaithe anois ach fós tá a dhraíocht féin ag baint le siúlóid a dhéanamh sa timpeallacht seo. Bíonn dathanna áille ag clúdach an tsléibhe seo nuair a bhíonn an t-aiteann agus an fraoch faoi bhláth.

Siúlóidí

Mar is léir ón léarscáil, tá go leor siúlóidí is féidir a dhéanamh agus go deimhin is é an bealach is fearr agus is folláine é chun aithne a chur ar an áit. Tá rogha ann idir siúlóid ghearr leathuaire nó siúlóid fhada a mhairfeadh cúpla uair an chloig.

Rothaíocht

Muna bhfuil suim agat sa tsiúlóid tá rothair le fáil ar chíos íseal. Cuir ceist ag an oifig eolais.

. . . GLUAIS

saibhreas cultúrtha: *cultural richness*
áilleacht nádúrtha: *natural beauty*
na tránna is mó a bhfuil tóir orthu: *the most popular beaches*
taoille: *tide*
léargas: *display*
bailiúchán: *collection*
sean-ghrianghraif: *old photographs*
slí mhaireachtála: *way of life*

seanoirnisí: seanuirlisí, *old tools*
Ionad Oidhreachta: *Heritage Centre*
beatha bhaile: *homemade food*
siamsaíocht: *entertainment*
iomaitheoirí áitiúla: *local contestants*
portaigh: *bogs*
siúlóidí: *walks*
is folláine: *the healthiest*

San aonad seo foghlaimeoidh tú conas:

- labhairt faoi chaitheamh aimsire cois trá
- trealamh don trá a ainmniú
- cur síos a dhéanamh ar an trá agus a bhíonn le feiceáil uirthi
- labhairt faoin saghas léitheoireachta a dhéanann tú
- labhairt faoi chláracha teilifíse agus cén uair a fhéachann tú orthu
- iarratais a chur isteach ar chlár raidió
- cuireadh a thabhairt do dhuine
- socruithe a dhéanamh bualadh le duine
- cur síos a dhéanamh ar scannán
- labhairt faoi chluichí cláir
- labhairt faoi chluichí ríomhaire

Gramadach!

An Aimsir Chaite
An Aimsir Láithreach
Aidiachtaí san Uimhir Iolra

1   Cois farraige

1   gainimh mín
2   an trá (in aice na trá)
3   an t-uisce
4   tonn / tonnta
5   carraig(eacha)
6   aill / na haillte
7   faoileáin
8   tarrthálaí uisce
9   seaicéad tarrthála
10 crois tarrthála

Foclóir úsáideach

cladach: *shore*
an taoide ag líonadh agus ag trá: *the tide flowing and ebbing*
farraige gharbh / chiúin: *rough / calm sea*

Imeachtaí / caitheamh aimsire cois trá

Is breá / aoibhinn liom…   Téim(id) ag… sa samhradh.
Is minic a théim(id) ag…   An samhradh seo caite chuaigh mé (chuamar) ag…

ag bailiú sliogán · ag déanamh caisleáin · ag lapadaíl

ag sú na gréine · ag snámh · ag tumadh

ag seoltóireacht toinne · ag sciáil uisce · ag iascaireacht

Trealamh / caitheamh aimsire cois trá

1 buicéad agus spád
2 culaith shnámha
3 caipín
4 tuáille
5 clár seoil
6 lapaí
7 spéaclaí uisce
8 spéaclaí gréine

Féach uimh. 2-4 sa leabhar saothair

Tasc scríofa

1   Tá tú ar saoire cois farraige. Cuir cárta chuig cara leat. Inis dó / di conas
     atá ag éirí leat ar an tsaoire.
     Luaigh: – Cén áit a bhfuil tú?
                – Cá fhad a bheidh tú ann?
                – Cé atá leat?
                – Céard a dhéanann tú gach lá?
                – Cén sórt aimsire atá agaibh?

2   Tá tú sa bhaile arís tar éis seachtain a chaitheamh ar saoire cois farraige.
     Scríobh litir chuig cara leat ag insint dó / di faoin tsaoire.
     Luaigh an áit, lóistín, an aimsir, imeachtaí gach lá, srl.

Ó?	*Am?*	*Mar a chaith tú / sibh*
an lá		
teach aíochta	ar feadh seachtaine	Bheartaíomar dul...
óstán	ar feadh coicíse	Thugamar linn...
láithreán campála		Rinneamar...
carbhán		Chuamar...
brú óige	*Cathain?*	Shroicheamar...
	Scoil dúnta	Bhaineamar dínn...
	lá saor	Chuireamar orainn...
Áit?	le linn na laethanta saoire	Bhailíomar...
in aice na farraige	sa samhradh	Luíomar...
cois farraige	an samhradh seo caite	Shuíomar...
ar an gcósta		D'fhágamar...
sna Sceirí		
i mBré	*Cé leis?*	
sna Clocha Liatha	liom féin	*Mar a chaitheann sibh an lá*
i gCloch na Rón	le mo chara	Téimid
	le mo chairde	Bailímid
	le mo mhuintir	Siúlaimid
Aimsir?		Luímid
aimsir álainn		Bímid ag...
lá breá brothallach		Nuair a bhíonn sé fliuch...
gan scamall sa spéir		

Leabhar

Leabhair

Léitheoireacht

ag léamh

Leabharlann

Leabhar a fháil ar iasacht

Leabharlannaí

úrscéalta

gearrscéalta

nuachtáin

irisleabhar

Faoi láthair táim ag léamh…
An léann tú…?
Léim / Ní léim

Féach uimh. 6 sa leabhar saothair

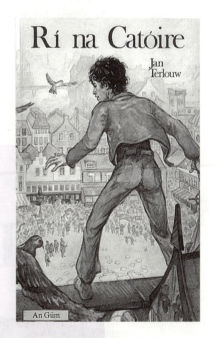

Leabhar   grinn (iolra: leabhair ghrinn)

spóirt

stairiúil (iolra: leabhair stairiúla)

rómánsach (iolra: leabhair rómánsacha)

faoi chúrsaí reatha

eachtraíochta

bleachtaireachta (iolra: leabhair bhleachtaireachta)

uafáis

oideachasúil (iolra: leabhair oideachasúla)

taistil / tíreolaíochta (iolra: leabhair thaistil / thíreolaíochta)

ficseaneolaíochta (iolra: leabhair fhicseaneolaíochta)

Obair bheirte

Cuir na ceisteanna seo ar do chara:

An léann tú mórán?
Céard a léann tú?
Cén cineál leabhair is fearr leat?
Cá bhfaigheann tú na leabhair?
Cé acu is fearr leat – léitheoireacht nó spórt?
An léann tú na nuachtáin riamh?
Cén chuid den nuachtán a léann tú?
Céard atá á léamh agat i do rang Béarla faoi láthair?

Féach uimh. 7 agus 8 sa leabhar saothair

9   Irisí agus nuachtáin Ghaeilge

Seo samplaí de na hirisí agus na nuachtáin Ghaeilge atá ar fáil.

Anois:	Is nuachtán seachtainiúil é.
Lá:	Is nuachtán seachtainiúil freisin é ó Bhéal Feirste.
Saol:	Is nuachtán míosúil é agus é saor in aisce!
An Dréimire:	Is iris scoile é do dhataí Ardteistiméireadhta a thagann amach ocht n-uaire sa bhliain.
Mahogany Gaspipe:	Is iris scoile é freisin a thagann amach ceithre huaire sa bhliain.

AN DRÉIMIRE

Anois

LÁ
Nuachtán na nGael

Cúinne na Gramadaí!

Chonaic tú in Aonad 6 an tslí ina n-athraíonn aidiachtaí san uimhir iolra. Féach anois ar chuid de na samplaí atá le fáil san aonad seo:

Uatha	Iolra
Leabhar stairiúil	Leabhair stairiúla
Leabhar oideachasúil	Leabhair oideachasúla

Tabhair faoi deara anois céard a tharlaíonn d'fhocail a chríochníonn ar –(e)ach:

Uatha	Iolra
nuachtán tábhachtach	nuachtáin thábhachtacha

Cuireann tú séimhiú ar an aidiacht san iolra má tá tú tar éis an t-ainmfhocal a thagann roimhe a chaolú (is é sin, i a chur sa chuid dheireanach de).

Mar shampla: leabhar grinn   leabhair ghrinn
              scannán maith   scannáin mhaithe

10   An teilifís

An teilifíseán

An scáileán
cnaipe a bhrú
an teilifís a chur air   (Cuir air
   an teilifís, le do thoil).
an teilifís a mhúchadh   (Múch
   an teilifís, le do thoil).

Cineálacha cláracha

Cláracha Éireannacha	**Clár / cláracha** ...spóirt	Gallúntraí / gallúntraithe
Cláracha Meiriceánacha	...amhránaíochta	Sraith / sraitheanna
Cláracha Astrálacha	...ceoil	Tráth na gceist
Cláracha Gaeilge	...cainte	Scannán / scannáin
	...faoi chúrsaí reatha	Cartún / cartúin
	...bleachtaireachta	
	...grinn	
	...nádúir (dúlra)	
	...taistil	

Ag rá cé chomh minic is a bhíonn clár ar siúl

Is clár laethúil é.
Is clár seachtainiúil é.

Bíonn sé ar siúl	uair amháin	sa tseachtain.
	dhá uair	
	trí huaire	
	ceithre huaire	
	cúig huaire	
	sé huaire	

Féachaim ar an teilifís	corruair	tar éis obair bhaile
	ag am lóin	ar feadh (dhá) uair an chloig
	díreach tar éis scoile	ag an deireadh seachtaine amháin

Féach uimh. 11 agus 12 sa leabhar saothair

Tasc scríofa

Is tusa an duine sna pictiúir seo. Scríobh nóta ag míniú do do mháthair cá bhfuil tú.

Luaigh na pointí seo:

– cé a ghlaoigh
– cé atá leat
– cá bhfuil tú imithe
– conas agus cathain a bheidh tú ag teacht abhaile

13   Cúrsaí 1000 clár

Léigh an sliocht seo agus freagair na ceisteanna i do leabhar saothair (uimh. 13).

Cúrsaí 1000 Clár

Ar 14 Deireadh Fómhair 1986 cuireadh tús le ré nua i saol chraoltóireacht na Gaeilge. Ar an oíche úd a thosaigh an clár 'Cúrsaí' atá anois ag ceiliúradh 1000 eagrán.

Is iad Seán Ó Tuairisg agus Neasa Ní Chinnéide a chuir an clár i láthair an Mháirt sin, beirt a bhfuil go leor talaimh treafa acu ó shin; Seán a thug leis Gradam Jacobs anuraidh agus Neasa atá anois ina heagarthóir ar an gclár 'Primetime'. I dtús ama ceithre oíche sa tseachtain a chuaigh 'Cúrsaí' amach ach i ndiaidh dhá bhliain tháinig fás agus forbairt ar fhoireann an chláir agus ar na háiseanna a bhí acu, agus cuireadh suas an cúigiú hoíche.

In imeacht na seacht séasúr go dtí seo, tá Éire is Árainn siúlta ag foireann an chláir ag bailiú leo isteach sa mhála. Chuir 'Cúrsaí' aithne agus eolas ar thíortha i bhfad i gcéin, An Astráil, An Chamboid, An Choiré, An Rúis agus gach cearn den Eoraip chomh maith le Stáit Aontaithe Mheiriceá, agus níl aon áit dá raibh siad nach bhfacthas toradh fiúntach a gcuid oibre.

211

Éagsúlacht iontach ábhair an chéad rud a rithfeadh le duine agus iad ag smaoineamh ar 'Cúrsaí' mar is ildánach solúbtha an soitheach é an clár seo ón chéad lá; ina long chogaidh i bhfarraigí suaite na polaitíochta; ina bháirse canálach agus cead ar bord ag lucht siamsaíochta ealaíne agus éigse, bídís dúchasach nó deoranta; ina kayak, ina churrach, ina naomhóg, ina bhád farrantóireachta isteach go Toraigh, Inis Meáin nó Cléire.

Thar aon chlár raidió nó teilifíse, tá 'Cúrsaí' tar éis breith ar an rud a bhféadfaí pobal na Gaeilge a thabhairt air, bíodh an pobal sin i Rinn na Feirste nó in Acaill nó timpeall ar Ghaelscoil i gCill Chainnigh nó Baile an Chollaigh, agus thug 'Cúrsaí' guth don phobal sin, guth forásach fadradharcach seachas guth a bhí faoi ghlas ina imleacán féin.

RTÉ
5.10.1993

. . . GLUAIS

ré: *era*
ag ceiliúradh: *celebrating*
chuir siad an clár i láthair: *they presented the programme*
gradam: *award*
eagarthóir: *editor*
foireann: *staff, team*
An Choiré: *Korea*
toradh fiúntach: *worthwhile result*
éagsúlacht: *variety*

ildánach: *varied*
soitheach: *vessel*
long chogaidh: *warship*
suaite: *stormy*
báirse canálach: *canal barge*
lucht siamsaíochta: *entertainers*
dúchasach nó deoranta: *native or foreign*
forásach, fadradharcach: *progressive, farsighted*

14   An raidió

Raidió cluaise

Raidió láimhe

Stáisiún raidió

Raidió pobail / áitiúil

Éistim le …
Ní éistim le…
Is é … an stáisiún is fearr liom
Bhuaigh mé comórtas ar an raidió uair amháin
Chuir mé isteach ar chomórtas
Bhí orm ceist a fhreagairt
iarratas
Chuir mé iarratas isteach do…

Iarratas raidió

Cas ceirnín, le do thoil
Ar mhiste leat …iarratas a léamh amach do…
                …ceirnín a chasdh do…

atá ag ceiliúradh   …lá breithe
                …féile bainise

atá tinn faoi láthair

        …ó do chara
        …ó Mháire
        …ó d'iníon, do neacht
        …ó do mhac, do nia

> Cas ceirnín le do thoil do Mháire Ní
> Dhufaigh, Inis, atá 14 bl. inniu!
> Ó Bhairbre i Ráth Maonais

> An féidir leat iarratas a léamh amach do mo
> mhamó, Cáit Bean Uí Cheallaigh as an Spidéal,
> atá in Ospidéal Ollscoile na Gaillimhe faoi
> láthair. Tagann sé seo le grá ó do ghariníon,
> Siobhán, an Tulach, agus an teaghlach ar fad.

Féach uimh. 15 agus 16 sa leabhar saothair

17   An raidió agus an Ghaeilge

Cloistear cláracha i nGaeilge ar RTÉ, Raidió 1, mar shampla:

Móra Dhíbh	Nuachtiris
Nuacht	Leabhar an tSathairn
Fáilte Isteach	Mo Cheol Thú
Leabhragán	

Féach ar an nuachtán nó ar an *RTE Guide* ar feadh seachtaine agus scríobh amach cairt i do chóipleabhar faoi na cláracha Gaeilge mar seo:

Ainm an chláir	Lá	Am	Cineál Cláir

An raibh a fhios agat?

An raibh a fhios agat go bhfuil stáisiún raidió Gaeilge ann? Thosaigh Raidió na Gaeltachta nó RnG ag craoladh i 1972. Gaeilge amháin a bhíonn le cloisteáil ar an stáisiún a chraolann ó stiúideonna i gCasla (Conamara), ar na Doirí Beaga (Tír Chonaill) agus i mBaile na nGall (Corca Dhuibhne, Ciarraí) ar 93FM. Tugann sé seirbhís i nGaeilge do phobal na Galltachta agus do phobal na Gaeilge i mBaile Átha Cliath nó pé áit a bhfuil siad. Bíonn cláracha spóirt, ceoil agus iarratas, nuacht agus go leor eile le cloisteáil ar an stáisiún.

**Scéalta Beaga agus Scéalta Móra Ceol,
Cabaireacht agus Cuideachta ó Adhmhaidin go Tráthnóna.**

Bíonn muid ar fáil gach uile lá den bhliain.
Ná bíodh drogall oraibh labhairt linn.
Craoladh beo ar FM/VHF ar fud na tíre

Tá stáisiúin eile Ghaeilge ann freisin. Mar shampla, tá Raidió Fáilte i mBéal Feirste agus Raidió na Life i mBaile Átha Cliath. Thosaigh Raidió na Life 102 ag craoladh ar an 25 Meán Fómhair 1993 agus tá breis agus céad duine ag obair go deonach ar chláracha an stáisiúin, daoine óga a bhformhór. Tá an stáisiún le fáil ar 102FM ('céad is a dó, beo', mar a deir siad féin!) agus bíonn gach saghas ceoil le cloisteáil air ó *techno* go *rap* go sean-nós!

Go dtí le déanaí ní raibh aon bhealach teilifíse i nGaeilge ann, ach beidh gan mhoill. Cén t-ainm a bheas air? An bhfuil sé tábhachtach bealach teilifíse Gaeilge a bheith ann? An bhfuil ceann acu i mBreatnais? Cad is ainm dó?

Ná déan dearmad féachaint ar 'Cúrsaí,' 'ECU! ECU!' agus cláracha eile Gaeilge ar RTÉ.

. . . GLUAIS

ag craoladh: *broadcasting*
go deonach: *voluntarily*
a bhformhór: *most of them*
bealach teilifíse: *television channel*
Breatnais: *Welsh*

Féach uimh. 18-20 sa leabhar saothair

Tionscnamh duit!

Ar smaoinigh tú riamh ar chlár raidió a dhéanamh i nGaeilge? An bhfuil raidió scoile agaibh? D'fhéadfá clár a chur le chéile le píosaí nuachta ón scoil, torthaí spóirt, iarratais, ceol…

Féach ar an bhfógra seo le haghaidh 'Slógadh '94'. Tá comórtas speisialta acu do chlár raidió. Céard faoi?

Na Meáin Teicneolaíochta

31. CLÁR RAIDIÓ

Comórtas é seo do chlár raidió a bheadh curtha ar chaiséad agus a mhairfeadh idir 15 agus 20 nóiméad. D'fhéadfaí ábhar nó ábhair ar bith a roghnú do chlár agus do rogha cur chuige nó comhdhéanamh a úsáid - e.g. agallaimh, comhrá, ceol beo, nuacht, gnéchlár agus eile. D'fhéadfaí an-leas a bhaint as cur isteach agus ullmhú don chomórtas seo i leith na gcúrsaí don Teastas Sóisearach. Mar shampla d'fhéadfaí clár a bhunú ar cheann de na toipicí a luaitear sa siollabas.

Ní mór clár spéisiúil a dhéanamh, ag cuimhneamh i gcónaí gur saothar don chluais atá is gceist.

Caithfidh gach iarracht a bheith d'ardchaighdeán taifeadta agus curtha ar thaobh amháin den chaiséad. Is gá cuntas gairid scríofa ar ábhar an chláir agus ar aon deacrachtaí teicniúla ó thaobh cur le chéile an chláir, a sheoladh isteach leis an chaiséad.

Foireann: 1-4
Am: Idir 15-20 nóiméad
Táille: IR£10.00

Pictiúrlann ilscáileán

Scáileán mór

Aisteoir

Léiritheoir

An cead isteach

Abairtí úsáideacha

Ghlaoigh mé ar an bpictiúrlann agus chuir mé dhá thicéad in áirithe.

Téim chuig scannáin go rialta.

Chuaigh mé chuig _____ le déanaí.

Is é an scannán is déanaí a chonaic mé ná _____.

Cuireadh chuig scannán

Táim briste. Níl pingin rua agam.

Íocfaidh mise as na ticéid.

Ag déanamh socruithe

Buailfimid le chéile   taobh amuigh den phictiúrlann
                                      ag oifig na dticéad
                                      ag stad an bhus
                                      ag an stáisiún

Rachaimid abhaile   le Daid sa charr
                                        ar an mbus
                                        ar ár rothair
                                        ar an DART

Féach uimh. 22 agus 23 sa leabhar saothair

Obair bheirte

Cum comhrá ar an bhfón idir beirt atá ag déanamh socruithe faoi dhul chuig scannán. B'fhéidir go mbeidh seans agaibh é a rá os comhair an ranga ansin!

Ag cur síos ar scannán

Scríobh cárta chuig cara agus inis dó / di faoi scannán a chonaic tú. Bain úsáid as cuid de na focail / abairtí thíos agus ag barr lch. 218.

Cathain
aréir
le déanaí
an tseachtain seo caite
coicís ó shin

Cé leis?
le cara do mo chuid
le grúpa cairde
le mo dhearbráir / dheirfiúr

£_____ a bhí an cead isteach.

_____ an t-ainm a bhí ar an scannán.

Ba iad _____ na príomhaisteoirí

Ba é _____ }
Ba í _____ } an príomhaisteoir.

Bhí an scéal suite i _____

Bhí sé … corraitheach (*exciting*)
         … teannasach (*tense*)
         … ar fheabhas
         … thar cionn ar fad

Bhí mé … ar bís
         … réigh le pléascadh
         … ar imeall an tsuíocháin

Thaitin sé / níor thaitin sé liom.

Tasc scríofa

Tá do rang ag cur amach irisleabhair i nGaeilge agus tá ort cuntas a scríobh ar scannán a chonaic tú. Bain úsáid as cuid den fhoclóir a d'fhoghlaim tú thuas.

24 Cluichí cláir

Táiplis

Ficheall

Nathracha nimhe is dréimirí

Monopoly

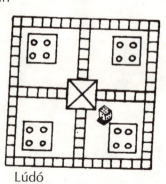

Lúdó

Ag Caitheamh na nDíslí

Cheap mé i gcónaí gur iontach an cluiche é *Nathracha nimhe is dréimirí*. Thuas seal, thíos seal, díreach cosúil leis an saol féin. Nuair a cheapann tú go bhfuil gach rud ag dul ar aghaidh go seoigh – zúm! síos leat! Bhí áthas orm nuair a chonaic mé Máirtín Jaimsie agus a chlár teilifíse '*Caoga*', nach bhfuil *Nathracha nimhe is dréimirí* dearmadta ar fad.

Um Nollaig, dár ndóigh, is ea a thosaíonn daoine ag smaoineamh ar chluichí cláir. Ní bhíodh do stoca Nollag líonta, tráth, mura mbíodh cluiche táiplise nó lúdó ann. Ach níl an saol chomh simplí sin a thuilleadh. Ná bí ag trácht ar an rogha de phúdar níocháin atá agat – ach ar a laghad tá difríocht éigin idir na cluichí.

Is dóigh gurb é **Monopoly** a thosaigh é, ach, go tobann, bhí na siopaí lán de bhoscaí daite ina raibh cluichí de gach saghas. Ach ní do pháistí óga a bhí na cluichí seo – bhí na rialacha ró-chasta – ach do dhéagóirí agus dhaoine fásta. Cé a dhiúltódh glac nótaí airgid agus seans d'iomaitheoir a chur as gnó agus an chathair go léir a cheannach – le nótaí **Monopoly**, dar ndóigh.

Cluichí Cogaidh
Níorbh fhada gur tugadh an seans dúinn an domhan go léir a chur faoi chois. Is é **Risk** an chéad chluiche den saghas seo a d'imir mé. Ní bhfuair mé greim riamh ar níos mó ná cúig nó sé thír, ach bhí sé i bhfad níos éasca cúpla cathlán saighdiúir a bhogadh timpeall an domhain ná bheith ag comhaireamh an diabhal airgead **Monopoly** sin de shíor.

Tá na ginearáil cois tine ar mhuin na muice faoi láthair mar d'fhéadfaidís cluiche cogaidh a imirt gach oíche den tseachtain gan an ceann céanna a bheith os a gcomhair dhá oíche as a chéile ar feadh sé mhí. Ar bhain tú triail as **Raider, Commando Actions, L'Attaque, Dover Patrol** nó **Apocalypse** go fóill?

Éalú ó Colditz
Tá cluichí bunaithe fiú ar eachtraí ar leith cogaíochta ar nós **Battle of Stalingrad** nó, an ceann is cáiliúla ar fad, **Escape from Colditz.** Ní cluiche ceart cogaidh é seo mar ní troid ach éalú is aidhm dó. Chum an t-oifeagach a bhí i mbun iarrachtaí éalaithe ó phríosún Colditz sa Dara Cogadh Domhanda, Major PR Reid, an cluiche seo i 1972. Faoin mbliain 1978 bhí 1/2 milliun cóip den chluiche díolta i dtíortha an Bhéarla seachas Meiriceá.

In aghaidh an Chogaidh
Tar éis Vietnam, bhí Meiriceá in aghaidh an chogaidh agus bhí sé deacair cluichí cogaidh a dhíol ann. Agus níor cheannaigh Meiriceá an clár teilifíse mór **Coldtiz** ón mBBC ach an oiread!

Fantaisíocht
Glacann roinnt daoine an-dáiríre leis na cluichí seo. Bíonn comórtais idirnáisiúnta idir imreoirí. Cúpla bliain ó shin bhain Éireannach Craobh an Domhain i **Monopoly** amach. Imrítear cluichí tríd an bpost chomh maith. Íocann tú £1.25 agus cuireann ríomhaire do chuid treoracha amach chugat.

Tá na díslí á gcaitheamh ar fud Mheiriceá arís. Ní bhíonn na Meiriceánaigh sásta nós a leanacht gan é a dhéanamh níos fearr ná gach éinne eile. Níl a gcuid imreoirí sásta greim a fháil ar an domhan beag suarach seo amháin, ach ar an gcruinne iomlán; agus tá flúirse cluichí spáis agus fantaisíochta tar éis teacht chun cinn – **Survival, Adventures in Fantasy, Aftermath, Galactic Civil War, Moonstar.**

Mahogany Gaspipe

dílsí: *dices*
nathar nimhe: *snake*
go seoigh: *fine*
Ní bhíodh sé líonta: *it used not be full*
táiplis: *draughts*
rogha: *choice*
púdar níocháin: *washing powder*
róchasta: *too complicated*

d'iomaitheoir: *your competitor*
faoi chois: *under control*
cathlán: *battalion*
ag comhaireamh: ag cuntas, *counting*
ar mhuin na muice: *on the pig's back*
éalú: *escape*
treoracha: *directions, guidelines*
cluichí spáis: *space games*

Ceisteanna

1   Ainmnigh trí shaghas cluiche dísle atá luaite in ailt 1-4.
2   Cén sórt cluiche é 'Risk'?
3   Scríobh trí phíosa eolais faoi Major P.R. Reid.
4   Cén fáth nár cheannaigh Meiriceá 'Colditz' ón mBBC?
5   Cén gradam a bhain Éireannach amach?
6   Cén sórt cluichí iad 'Survival' agus 'Aftermath'?
7   Cad atá ag teastáil chun na cluichí seo ar fad a imirt?

Buntáistí agus Míbhuntáistí
Cé acu míbhuntáiste nó buntáiste gach ceann acu seo maidir le cluichí cláir?

Is féidir iad a imirt i ngach sórt aimsire.
Tá siad costasach, cuid acu!
Is féidir cuid acu a fháil ón leabharlann áitiúil.
Tá spraoi ag baint leo.
Tá foghlaim ag baint leo.
Is féidir le grúpa beag nó grúpa mór iad a imirt.
Is féidir le daoine fásta imirt le páistí sna cluichí seo.
Ní chuireann siad cosc ar chaint.

An féidir leatsa cur leis an liosta?
An féidir leat liosta buntáistí / míbhuntáistí mar seo a scríobh
> (a) don raidió
> (b) don teilifís
> (c) don phictiúrlann?

25 Cluichí ríomhaire

Ríomhaire

1   Monatóir
2   Luchóg
3   Diosca crua
4   Diosca flapach
5   Méarchlár
6   Luamhán stiúrtha

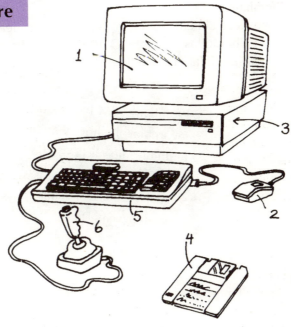

Focal faire
Leibhéal(acha)
Conas scór a fháil
Is é aidhm an cluiche… Caithfidh tú …

Féach uimh. 26 sa leabhar saothair

Cluichí
Cén cluiche ríomhaire is fearr leat féin?

Clár Ríomhaire

Más maith leat cluichí ríomhaire agus má tá scileanna agat sa ríomhaireacht, céard faoi Chomórtas Slógadh? Ó 1990 tá comórtas do chlár ríomhaire ann, le duaiseanna speisialta mar seo do na buaiteoirí:

> Ríomhaire IBM PS/1 le scáthlán daite, méarchlár, luchóg dhá-chnaipe, córas feidhmiú diosca IBM, chomh maith le pacáiste bogearraí a bheidh sa duais speisialta seo agus í curtha ar fáil ag Irish Business Systems Ltd.

. . . GLUAIS

scáthlán: *screen*
bogearraí: *software*

Comórtas amháin a bhíonn ann do chlár ríomhaire ar ábhar ar bith trí mheán na Gaeilge agus bíonn an comórtas oscailte d'iomaitheoirí sna ranna seo:

Roinn C: Faoi 12 bhliain
Roinn D: Faoi 15 bliana
Roinn E: Faoi 18 mbliana
Roinn G: Faoi 26 bliain

Má bhaineann tusa le Roinn C caithfidh do chlár bheith oiriúnach do dhaoine óga faoi dhá bhliain deag. Má bhaineann tú le D, E, nó G, caithfidh do chlár bheith oiriúnach do dhaoine óga faoi chúig bliana déag.

Más suim leat an comórtas, féach ar na rialacha seo a leanas:

Na hIontrálacha

(1) Bíodh gach iontráil ar dhiosca flapach 3.5 orlach (dédhlúis) nó 5.25 orlach (dédhlúis) amháin. Ní féidir glacadh le hIontrálacha ar aon chineál eile.

(2) Bíodh gach iontráil comhoiriúnach le ceann amháin de na córais seo a leanas;
   (a) Córas IBM nó a chomhionann.
   (b) Córas Apple Mac
   (c) Córas BBC 128/Compact
   (d) Córas Acorn A3000
   (e) Córas Commodore 64.

Tá dualgas ar na hiomaitheoirí a chinntiú go bhfuil a gcláracha comhoiriúnach agus inoibrithe ar cheann amháin de na córais seo thuas. Má úsáidtear córas eile beidh ar na hiomaitheoirí sin crua-earraí cuí a chur ar fáil don mholtóireacht.

(3) Bíodh cóip chomhlánaithe den fhoirm speisialta, a eisofar i mí na Samhna '93, le gach iontráil. Léirítear ar an fhoirm sin aidhmeanna an chláir, na modhanna a úsáidtear ann agus an feidhmiú a cheaptar a bheadh aige.

(4) Bíodh asphrionta den ábhar atá ar dhiosca le gach iontráil freisin.

(5) Bíodh treoracha cinnte le gach iontráil ar chonas an clár a chur ag obair.

(6) Bíodh ainm, seoladh agus roinn iomaíochta an iomaitheora ar gach píosa de gach iontráil, dioscaí san áireamh.

... GLUAIS

diosca flapach: *floppy disc*
comhoiriúnach: *compatible*
iomaitheoir: *competitor*

inoibrithe: *workable*
crua-earraí: *hardware*
asphrionta: *printout*

Tarrtháil! Cluiche ríomhaireachta i nGaeilge

| Comhad | Eagar | Amharc | Lipéad | Speisialta | ? ♣ |

An bhfuil Gaeilge agat?
An bhfuil Gaeilge ag do mhac?
An bhfuil Gaeilge ag do mháthair?
An bhfuil Gaeilge ag do ríomhaire?

Léigh an tagairt do 'Tarrtháil' sa bhileog eolais a chuir Everson Gunn Teoranta amach faoi na pacáistí Gaeilge a chuireann siad ar fáil don ríomhaire. I 1993 chuir Everson Gunn leagan Gaeilge ar fáil de 'Tarrtháil', cluiche bunaithe ar 'RéaltAistear: An Chéad Ghlúin Eile'.

Cuir fáinne ar do ríomhaire...

An bhfuil tú fós ag déanamh do chuid oibre ar an ríomhaire trí mheán an Bhéarla? Ní gá anois. Tá córas oibre Apple Mac ar fáil as Gaeilge anois, ó Everson Gunn Teoranta.

Is é seo an leagan oifigiúil a chruthaigh EGT agus iad ag obair faoi chonradh ag Apple – córas ar cuireadh diantástáil air i Silicon Valley thall i gCalifornia, lena chinntiú go mbeadh sé ar comh-chaighdeán leis an gcóras Béarla. Tá próiseálaí focal den scoth ar díol againn chomh maith, gan trácht ar chló breá Gaelach. Tabhair seans do na gasúir spraoi a bhaint as 'Tarrtháil!' – cluiche ríomhaireachta a raibh éileamh mór air le linn Oireachtas na Gaeilge 1993. Cuireadh na pacáistí seo ar taispeáint i mbliana ag an Apple Expo, ag Cruinniú Cinn Bhliana Gaelscoileanna, Daonscoil na Mumhan, Oireachtas na Gaeilge, agus ag Cruinniú Cinn Bhliana CESI (Computer Education Society of Ireland). Tá ar intinn ag EGT a thuilleadh pacáistí a chur i dtoll le chéile amach anseo, mar chuid den timpeallacht lán-Ghaeilge atá á cruthú acu. Ceannaigh an t-earra bog seo anois, lena chinntiú go mbeidh a leithéid arís ann!

Bí ar thús cadhnaíochta sa réabhlóid ríomhaireachta seo! Tá ceithre phacáiste EGT ar fáil i dteannta a chéile ar IR£296.00 (CBL san áireamh). Ar ndóigh, ní gá duit an córas atá in úsáid agat anois a chaitheamh amach chun córas Gaeilge Apple a úsáid, ach is féidir leat sin a dhéanamh!

. . . GLUAIS

leagan oifigiúil: *official version*
chruthaigh EGT: *EGT created*
faoi chonradh: *under contract*
diantástáil: *stringent tests*
ar comhchaighdeán: *of the same standard*

proiseálaí focal: *word-processor*
i dtoll a chéile: *le chéile*
timpeallacht: *environment*
á cruthú: *being created*
Bí ar thús cadhnaíochta: *be first*
CBL san áireamh: *VAT included*

éilte na Bliana

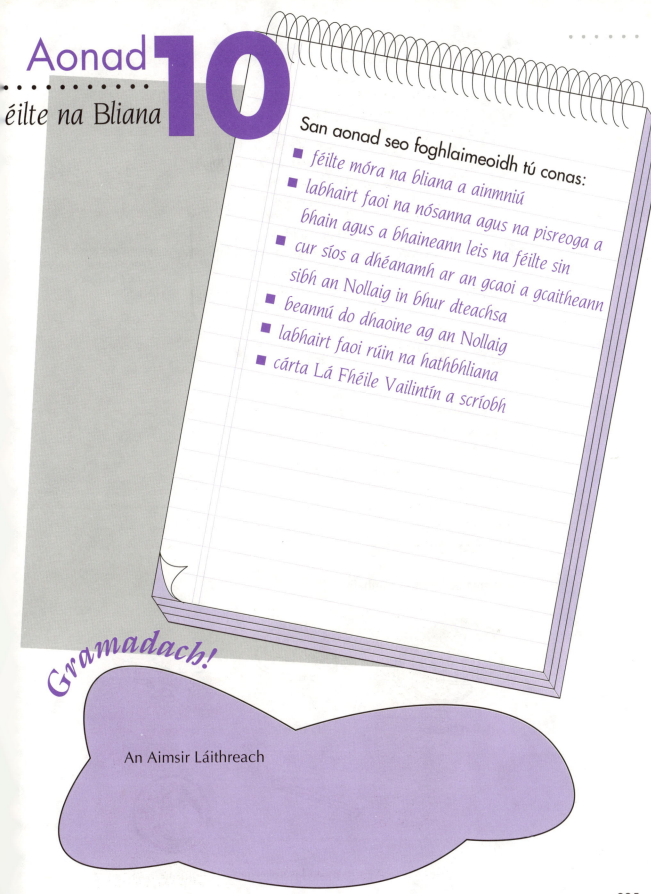

San aonad seo foghlaimeoidh tú conas:

- féilte móra na bliana a ainmniú
- labhairt faoi na nósanna agus na pisreoga a bhain agus a bhaineann leis na féilte sin
- cur síos a dhéanamh ar an gcaoi a gcaitheann sibh an Nollaig in bhur dteachsa
- beannú do dhaoine ag an Nollaig
- labhairt faoi rúin na hathbhliana
- cárta Lá Fhéile Vailintín a scríobh

Gramadach!

An Aimsir Láithreach

1 Féilire na bliana

1 Eanáir	Lá Caille
6 Eanáir	Oíche Nollaig na mBan
	(Lá Chinn an Dá Lá Dhéag)
1 Feabhra	Lá Fhéile Bríde
14 Feabhra	Lá Fhéile Vailintin
17 Márta	Lá Fhéile Pádraig
	Máirt na hInide
	Céadaoin an Luaithrigh
	An Carghas
	Aoine an Chéasta
	Domhnach Cásca
	Domhnach Cincíse
1 Bealtaine	Lá Bealtaine
23 Meitheamh	Oíche Fhéile Eoin
31 Deireadh Fómhair	Oíche Shamhna
24 Nollaig	Oíche Nollag
25 Nollaig	Lá Nollag
26 Nollaig	Lá Fhéile Stiofáin
31 Nollaig	Oíche Chinn Bhliana

} Féilte aistritheacha – bíonn siad ar dhátaí difriúla gach bliain.

2 Oíche Shamhna

Nósanna ag baint le Samhain

Bairín breac

fáinne

ceirt

píosa lasáin

píosa airgid

- An té a fhaigheann an fáinne is túisce a phósfaidh.
- An té a fhaigheann an lasán is túisce a gheobhaidh bás.
- An té a fhaigheann an t-airgead is túisce a bheidh saibhir.
- An té a fhaigheann an cheirt is túisce a bheidh bocht.

Úlla

Oíche Shamhna, bhí sé mar nós ag daoine úlla a chur isteach i mias uisce. Ansin dhéanadh gach duine sa teach iarracht na húlla a thógáil amach as an uisce lena mbéal gan lámh a leagan orthu. Uaireanta eile chrochtaí na húlla ón tsíleáil agus dhéanadh muintir an tí iarracht greim a bhaint astu lena mbéal gan lámh a leagan orthu.

Cnónna

Bhi nós ann cnónna a chur in aice na tine agus ainm an chailín agus ainm an buachalla a chur orthu. Dá bpléascfadh an dá chnó le chéile le teas na tine, deirtí go bpósfaí an cailín agus an buachaill sin.

Bhí sé mar nós ag daoine óga (agus tá fós in áiteanna) dul ó theach go teach ag bailiú úll agus cnónna agus iad gléasta in aghaidheanna fidil agus i gcultacha bréige. *Trick or treat* a ghlaoitear ar an nós seo anois.

Freisin tá an nós coitianta fós tinte cnámh a lasadh Oíche Shamhna.

. . . GLUAIS

mias: *dish*
dhéanadh gach duine iarracht: *everyone used to try*
chrochtaí na húlla: *the apples used to be hung*
síleáil: *ceiling*
Dá bpléascfadh an dá chnó: *if the two nuts exploded*
deirtí: *it used to be said*
aghaidheanna fidil: *masks*
tinte cnámh: *bonfires*

Féach uimh. 3 sa leabhar saothair

Nósanna a bhaineann leis an Nollaig

Crann Nollag a chur suas

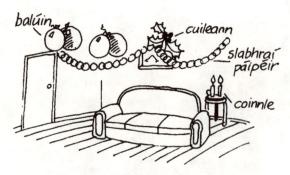

An teach a mhaisiú

Crib a chur suas

Cócaireacht na Nollag a dhéanamh

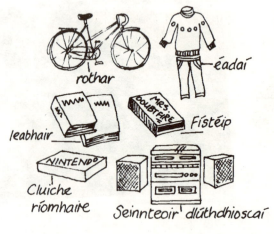

Bronntanais a cheannach

Cártaí a sheoladh

Féach uimh. 5 sa leabhar saothair

Tasc scríofa

Conas mar a chaitheann tú féin an Nollaig?

Déan cur síos ar an ngnáth-Nollaig i do theachsa. Bain úsáid as cuid de na focail seo:

Bímid…
Maisímid an teach / an crann Nollag
Ullmhaímid an bia
Téimid ag siopadóireacht
Ceannaímid…
Cuirimid…

Scríobhaimid…
Tugaimid cuairt ar ghaolta
Ithimid…
Ólaimid…
Faighimid…

Beannachtaí

Féach uimh. 6 sa leabhar saothair

Oíche Nollag

le Máire Mhac an tSaoi

Le coinnle na n-aingeal tá an spéir amuigh breactha,
Tá fiacail an tseaca sa ghaoith ón gcnoc,
Adaigh an tine is téir chun na leapan,
Luífidh Mac Dé ins an tigh seo anocht.

Fágaidh an doras ar leathadh ina coinne,
An mhaighdean a thiocfaidh is a naí ar a hucht,
Deonaigh do suaimhneas a ligint, a Mhuire,
Luíodh Mac Dé ins an tigh anseo anocht.

Bhí soilse ar lasadh i dtigh sin na haíochta,
Cóiriú gan caoile, bia agus deoch,
Do cheannaithe olla, do cheannaithe síoda,
Ach luífidh Mac Dé ins an tigh seo anocht.

. . . GLUAIS

coinnle na n-aingeal: *the angels'
    candles*
breactha: clúdaithe
Adaigh: fadaigh, *kindle*
tigh: teach
Fágaidh: fág
ar leathadh: ar oscailt
a naí: a naíonán, a leanbh

a hucht: a baclainn, *her bosom*
Deonaigh: is féidir leat
i dtigh… na haíochta: sa teach ósta i
    mBeithil fadó
cóiriú gan caoile: flúirse bia agus dí,
    plenty of food and drink
ceannaithe olla: *wood merchants*
ceannaithe síoda: *silk merchants*

7   Lá Fhéile Stiofáin

Nósanna a bhaineann leis an lá

Glaotar 'Lá an Dreoilín' go forleathan ar an lá seo. Tá sé mar nós in áiteanna éagsúla fós ar fud na hÉireann gléasadh i gcultacha tuí agus aghaidheanna fidil agus dul ó theach go teach ag bailiú airgid. Tá clú agus cáil ar 'Bhuachaillí tuí' Dhreoilín an Daingin i gContae Chiarraí. Bíonn ceol agus rince ag lucht an Dreoilín freisin. Fadó, théadh lucht an dreoilín timpeall agus dreoilín marbh acu agus é crochta ar bharr maide acu. Seo an t-amhrán a bhíodh á chanadh acu:

> Dreoilín a fuair mé thíos ar an Inse,
> Faoi bhráid carraige agus carbhat síoda air,
> Thug mé chugaibh é, a lánúin an tí seo,
> Agus go mba seacht bhfearr um an dtaca seo arís sibh

. . . GLUAIS

go forleathan: *widely*
cultacha tuí: *straw suits*
clú agus cáil: *renowned*
crochta ar bharr maide: *hung on the top of a stick*

ar an inse: *on the water-meadow*
faoi bhráid: taobh thiar de
carraig: *rock*
lánúin: *married couple*
seacht bhfearr: seacht n-uaire níos fearr

8   Oíche Chaille / Lá Caille

Is í Oíche Chaille an oíche dheireanach den bhliain, an t-aonú lá is tríocha de mhí na Nollag. Tugtar Oíche na Coda Móire ar an oíche seo freisin. Deirtear má itheann tú go leor bia ar an oíche seo go mbeidh do dhóthain le hithe agat i rith na bliana nua ar fad.

Bhí nós ann fadó dul go dtí an doras agus bollóg aráin a bhualadh i gcoinne an dorais agus na focail seo a rá:

> Fógraím an gorta go Tír na dTurcach,
> Bliain ó anocht féin go fírinneach.

. . . GLUAIS

do dhóthain: *your fill*

bollóg aráin: *a loaf of bread*

Lá Caille

Lá Caille a thugtar ar an gcéad lá den bhliain nua, an chéad lá d'Eanáir.

Tasc scríofa

Go hiondúil nuair a bhíonn bliain nua ag tosú bíonn fonn ar dhaoine athrú agus rudaí nua a dhéanamh. Déanann go leor daoine rúin don athbhliain, ach má dhéanann féin ní choimeádann siad iad rófhada!

Seo an saghas liosta a bhíonn ag daoine go minic. An féidir leatsa cur leis?

Éireoidh mé as na toitíní.
Déanfaidh mé níos mó staidéir.
Ní íosfaidh mé milseáin.
Scriobhfaidh mé chuig mo chairde níos minice.
Rachaidh mé a chodladh níos luaithe.

9 Oíche Nollaig na mBan (Nollaig Bheag)

Is í an oíche seo an oíche dheireanach d'fhéile na Nollag. Tugtar Nollaig na mBan uirthi mar go raibh sé de nós ag mná oíche cheiliúrtha a bheith acu tar éis na hoibre ar fad a bhain leis an Nollaig. Thagadh na mná le chéile i dteach amháin chun béile a ithe. Lasadh daoine coinnle freisin ar an oíche seo agus lasann in áiteanna fós – dhá choinneal déag ar fad le haghaidh gach lá den fhéile.

. . . GLUAIS

oíche cheiliúrtha: *night of celebration*
Thagadh na mná le chéile: *the women used to come together*
lasadh daoine: *people used to light*
coinnle: *candles*

Is í Bríd 'Muire na nGael', banéarlamh na hÉireann. Rugadh í sa bhliain 458 de réir an tseanchais agus cailleadh í ar an gcéad lá de Feabhra sa bhliain 525. Deirtear go raibh sí ag tabhairt aire do thaoiseach mór le rá a bhí ag fáil bháis agus gur bhailigh sí luachra chun cros a dhéanamh. Mhínigh sí scéal na Críostaíochta dó leis an gcros sin. Ba sclábhaí í máthair Bhríd, agus duine uasal ó Chúige Laighean a hathair. Chaith sí formhór a saoil i gCill Dara.

Cuirtear fáilte roimh Naomh Bríd i gcónaí ag tús an earraigh agus bhíodh sé de nós cros nó brat Bhríde a chrochadh i ngach teach le teaghlaigh, beithigh, bia agus síolta an earraigh a chosaint ó thinneas agus ó thubaistí.

. . . GLUAIS

banéarlamh: *female patron*
de réir an tseanchais: *according to lore*
ag tabhairt aire: *taking care of*
taoiseach: *chieftain*
mór le rá: *well-known*
bhailigh sí luachra: *she gathered rushes*

Mhínigh sí: *she explained*
sclábhaí: *slave*
duine uasal: *noble person*
beithígh: *ainmhithe*
síolta: *seeds*
tubaistí: *disasters*

11 Lá Fhéile Vailintín

Glaotar Lá Fhéile Vailintín ar an gceathrú lá déag de mhí Feabhra. Seo lá an ghrá gan dabht ar bith, nuair a fhógraíonn leannáin de gach aois a ngrá síoraí dá chéile!

Cárta Vailintín

Tá téama an ghrá an-choitianta i litríocht na Gaeilge agus tá an-chuid dánta agus amhrán grá ann. Ní minic a bhíonn an file sásta sna hamhráin seo, áfach – bíonn 'galar an ghrá' air. Ní bhíonn sé in ann codladh ná ithe – ní féidir leis smaoineamh ar aon rud eile seachas ar an ngrá. Bíonn sé go mór i ngrá lena chailín ach, faraor, ní bhíonn sí i ngrá leis. B'fhéidir go bhféadfadh sibh staidéar a dhéanamh ar amhrán grá cáiliúil ar nós 'A Neansaí Mhíle Grá' nó 'An Raibh tú ar an gCarraig?'. Beidh an múinteoir in ann ceann a chasadh don rang go cinnte!

**Féach uimh. 12 agus 13
sa leabhar saothair**

Lá mór é Lá Fhéile Pádraig sa bhaile agus i gcéin. Titeann sé ar an seachtú lá déag de mhí an Mhárta gach bliain.

Derek Speirs/Report

 Léigh an sliocht seo agus ansin cuir na pictiúir ar lch. 236 san ord ceart i do chóipleabhar.

Naomh Pádraig – beathaisnéis ghearr

Is é Naomh Pádraig 'Aspal Mór na hÉireann'. Ba é Pádraig a thug an Chríostaíocht chuig an tír seo an chéad lá riamh. Is mar sclábhaí a tháinig sé go hÉirinn ar dtús. Fuadaíodh é óna cheantar dúchais sa Bhreatain Bheag agus chaith sé sé bliana fada ag aoireacht muc ar Shliabh Mis. Oíche amháin bhí brionglóid aige ina bhfaca sé bád mór ag feitheamh leis thíos ag an gcuan. Nuair a dhúisigh sé ar maidin chuaigh sé síos go dtí an cuan agus bhí an bád ann.

D'imigh Pádraig chun na Róimhe agus oirníodh é mar shagart. D'fhill sé ar Éirinn timpeall na bliana 463 agus thosaigh sé ag scaipeadh an chreidimh i measc na bpágánach sa tír. Idir sin agus lá a bháis (timpeall na bliana 493) bhaist sé mórán daoine. Tá sé curtha i nDún Pádraig. Gach Lá Fhéile Pádraig, caitheann daoine an tseamróg in onóir do Phádraig Naofa, Aspal na hÉireann. De réir an tseanchais, ba leis an tseamróg a mhínigh Pádraig rún na Tríonóide do na Gaeil fadó. Deirtear go mbíonn daoine 'ag fliuchadh na seamróige' nuair a ólann siad ar Lá Fhéile Pádraig.

. . . GLUAIS

an Chríostaíocht: *Christianity*
sclábhaí: *slave*
Fuadaíodh é: *he was kidnapped*
ag aoireacht muc: *herding pigs*
ag feitheamh: ag fanacht
cuan: harbour, port
oirníodh é: *he was ordained*
ag scaipeadh an chreidimh: *spreading the faith*

bhaist sé: *he baptised*
de réir an tseanchais: *according to tradition*
mhínigh: *explained*
ag fliuchadh na seamróige: *drowning the shamrock*

a)

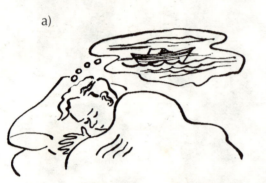

b)

c)

d)

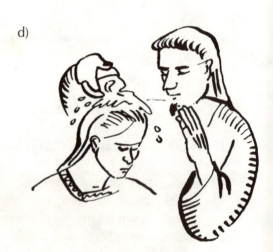

e)

f)

Logainmneacha agus seanchas

Tá an-chuid scéalta ann faoi Naomh Pádraig agus na heachtraí a tharla dó agus é ag taisteal na tíre. Deirtear, mar shampla, gur ith muintir na Sceirí (Co. Átha Cliath) an gabhar a bhí aige agus tugtar 'Gabhar na Sceirí' orthu mar gheall ar sin. Tá an scéal céanna ann faoi mhuintir Shearcóige i gContae an Chabháin! An bhfuil aon scéal mar seo faoi do cheantarsa? An bhfuil tobar nó áit bheannaithe faoina bhfuil sé ráite go raibh Naomh Pádraig ann?

Dóchas Linn Naomh Pádraig

Dóchas Linn Naomh Pádraig
Aspal Mór na hÉireann,
Ainm oirirc gléigeal,
Solas mór an tsaoil é.
D'fhill le soiscéal grá dúinn,
Ainneoin blianta 'ngéibheann,
Grá mór Mhac na Páirte
D'fhuascail cách ón daorbhroid.

Sléibhte, gleannta maighe,
'S bailte móra na hÉireann,
Ghlan sé iad go deo dúinn,
Míle glóir d'ár Naomh dhil.
Iarraimid ort, a Phádraig,
Guí orainne, Gaela,
Dia linn lá is oíche,
'S Pádraig Aspal Éireann.

Derek Speirs/Report

237

15   An Cháisc

Tagann deireadh leis an gCarghas ar Dhomhnach Cásca. Bíonn áthas ar pháistí ar an lá sin, go háirithe iad sin a bhí ag staonadh ó mhilseáin! Bhí nós ann fadó a lán uibheacha a ithe ar Dhomhnach Cásca. Uibheacha seacláide, ar ndóigh, a ithimid sa lá atá inniu ann. Seo í 'Dlí na nUibheacha':

> ubh fíordhuine uasal;
> dhá ubh duine uasal;
> trí huibhe bodach;
> ceithre huibhe deargbhodach!

. . . GLUAIS

An Carghas: *Lent*
ag staonadh: *abstaining*
fíordhuine uasal: *a truly noble person*
duine uasal: a *noble person*
bodach: *a lout, a churl*
deargbhodach!: *an out-and-out lout!*

16   Lá Bealtaine

Is é Lá Bealtaine an chéad lá den samhradh. Is saoire poiblí é anois. Is maith le gach duine, ach go háirithe páistí scoile, teacht an tsamhraidh. Is é an samhradh a rogha séasúir gan aon dabht.
Lá mór spóirt agus scléipe ba ea Lá Bealtaine fadó. Bhí nós ann craobh ghlas a chrochadh ar an doras le fáilte a chur roimh an samhradh.

An raibh a fhios agat?

An raibh a fhios agat go bhfuil an seanfhéilire Ceilteach nó págánach á leanúint fós ag an domhan mór? Bhí ceithre lá thábhachtacha sa bhliain Cheilteach:

Imbolc
Béltain
Lúnasa
Samhain

Níl mórán ar eolas againn faoi cad a rinne na Ceiltigh ar na laethanta sin, ach tá a fhios againn gur chreid siad go raibh dea-dhraíocht ag baint le Bealtaine – sin tús an tsamhraidh, 1 Bealtaine, lá saoire ar fud na hEorpa anois. Chreid siad go raibh draíocht ag baint le Samhain, tús an gheimhridh, chomh maith, agus tá rian de sin fós ar na cleasanna a imrítear ar Oíche Shamhna, 30 Deireadh Fómhair, an lá roimh an bhféile Chaitliceach Lá na Marbh (1 Samhain).

Céard faoin Imbolc? Sin Lá Fhéile Bríde inniu, 1 Feabhra, tús an earraigh, féile lán le dóchas. Ba é Lúnasa féile an fhómhair, nuair a bhí go leor bia cruinnithe isteach ag na feirmeoirí. Tá a lán pisreog agus nósanna agus scéalta fós sa tír mar gheall ar na féilte seo – an bhfuil aon cheann ar eolas ag aon duine sa rang?

Chreid muintir na hÉireann i ndéithe sular tháinig an Chríostaíocht go hÉirinn. An raibh a fhios agat go raibh bandia darbh ainm Bríd ann roimh Naomh Bríd? B'iníon í le Dághdha, 'an dea-dhia' nó an dia maith nó athair na ndéithe, agus thug siad an t-ainm 'Tuatha de Danann' ar a chlann. Bhí duine acu, Aonghus, ina chónaí i mBrú na Bóinne, bhí duine eile, Lugh Lámhfhada dána ag taisteal mórthimpeall agus bhí bandia ina cónaí ag gach abhainn in Éirinn, beagnach, mar shampla an Bhóinn, an tSionainn agus an Life.

Is féidir leat breis eolais faoi seo a fháil i *How They Lived: A Celtic Family* le Lucilla Watson (Wayland), i do leabharlann féin, i bpictiúir Jim Fitzpatrick no trí scríobh chuig:

Roinn Bhéaloideas Éireann,
Coláiste na hOllscoile,
Baile Átha Cliath 4.

. . . GLUAIS

dea-: *good*
draíocht: *magic*
rian: *trace*
pisreoga: *superstitions*
nósanna: *customs*
déithe: *gods*